《未来世界を哲学する》編集委員会［編］

未来世界を哲学する

第2巻

働き方と暮らし方の哲学

美馬達哉

［責任編集］

荒木優太・小西真理子・谷川嘉浩・福島智子

［著］

丸善出版

《未来世界を哲学する》編集委員会

〔編集委員長〕

森下直貴　浜松医科大学名誉教授

〔編集委員〕

美馬達哉　立命館大学大学院先端総合学術研究科教授

神島裕子　立命館大学総合心理学部教授

水野友晴　関西大学文学部総合人文学科教授

長田　怜　浜松医科大学医学部（総合人間科学）准教授

まえがき

本書『働き方と暮らし方の哲学』は、「未来世界を哲学する」シリーズ全一二巻（二〇二四～）の第二巻である。デジタル社会における労働の変容が生き方に与える影響を論じた四本で構成されている。第1章の荒木論文と第4章の福島論文は暮らし方の未来に焦点を当て、第2章の小西論文と第3章の谷川論文は現代における働き方の変容と今後を描き出している。この意図せざる絶妙の構成上のバランスのおかげで、各章は、それぞれに視点も論点も異なっている独自の論考として読むことができるだけでなく、対比列伝風に並べ読みをすれば、一つひとつの論考を読むのとは違った視点が得られる。こうした差異的な読みの可能性は論集の醍醐味だろう。

ケアを扱う第2章（小西）と第1章（荒木）や第3章（谷川）と並べ読みすると、働き方や暮らし方について、ケアという論点を入れるかどうかで大きな違いが生まれることが見えてくる。そのことは、ジェンダーと関わるポイントである。第2章（小西）と第4章（福島）を並べれば、暴力性から「ていねい」までのケアの世界の振れ幅の大きさを感じさせられるだろう。

第1章（荒木）と第4章（福島）を並べ読みすれば、いずれも善き暮らし方とは何かを考えているものの、懸隔は大きい。また、第1章（荒木）と第3章（谷川）はともに、デジタル社会を律しているレーティング（評価経済）や起業家的な計画性という価値観から降りることを肯定的に語っているが、そこに至る道筋は大きく異なる。これらの差異は、個性の差というより、思想的な違いのようにもみえる。

いっぽう、第3章（谷川）はデジタルの世界、第4章（福島）は手作りの世界を扱っていて、一見異なるが、並べ読みしてみれば、モノとのかかわり方の再考という点では似通っている。

以上が、編者の提案する本書の楽しみ方である。

だが、じつは、本書の内容は、編者たちが想定していたもの――「人生一〇〇年時代」となった二一世紀において、長寿化やデジタル化は生きることを量的に延長させただけでなく、質的に変化させつつあるというテーマ――とは大きく異なっている。これは、編集委員長の森下直貴の唱道する「老成学」とも深く関わっている論点だった（『21世紀の「老い」の思想』知泉書館、二〇二二年）。もちろん、想定とは異なる諸論考との不意打ち的な出会いは、私たち編者の求めるところである。そもそも、「次世代を担う若手・中堅の研究者」に、人生を生きてきた時間性を引きずる老成を想定しつつ現在について論じることを要求するのは無理筋もいいところだろう。

とはいえ、この「まえがき」では、その老成学と本書の（存在しないままに中絶された）並べ読みから見えるはずだったものを提示しておきたいと思う。それが「未来世界を哲学する」方法の一つだと考えるからだ。

そのために、「老い」を、完成や円熟ではなく、長年にわたる暮らしや仕事の果てに、不完全なまま約束に遅れ（late）、故人となる（late）直前にある「晩年性（lateness）」として想像してみよう。

善き生を求めて歩んできた人生に疲れ果て、私たちはついに横になって寝そべる。すると、「この世界を九〇度傾けるだけで、人々は普段口にすることのできない真実を知ることとなる」のだ（『寝そべり主義者宣言 日本語版』素人の乱5号店発行、二〇二二年）。

それは、英文学者の小川公代が、ヴァージニア・ウルフの著作から導き出した「横臥する者たち（recumbent）」の思想とも近い（『世界文学をケアで読み解く』朝日新聞出版、二〇二三年）。ウルフは、『病気になること』というエッセーで、病いに伏して脆弱になる経験を、心身ともに健康で若さと活力にあふれた「直立人（upright）」の生き方と対比して、次のように表現している。

ただちにベッドに横になるか、椅子にいくつも枕を置いて深々と座り、もう一つの椅子に両脚を載せて地面から一インチばかり引き上げる。そして私たちは直立人たちからなる軍隊のしがない一兵卒であることをやめ、脱走兵になる。直立人たちは戦闘へと進軍していくけれど、私たちは棒切れと一緒に川に浮かんだり、芝生の上で落ち葉と戯れたりする。責任を免れ利害も離れ、おそらくは数年ぶりで周囲を見わたし、見上げる——たとえば空を。（https://www.hayakawabooks.com/n/n775c24379791）

横臥する姿勢から、経済的自立と早期退職を目指す生き方（第1章）、ケアする生き方（第2章）、レーティングから逃れる生き方（第3章）、ていねいな生き方（第4章）のそれぞれを読み直すと、また別の風景が広がるのではないだろうか。「人生一〇〇年時代」において、多数派となりつつある病弱な「横臥する者たち」の視点を通して、私たちは未来世界を哲学する別の可能性を垣間見ることができる。

並べ読みを活用した、いわば裏メニュー的な楽しみ方まで「まえがき」に記されている本は、非常に稀少だ。ぜひ手に取ったら購入してほしい。

二〇二四年九月

責任編者　美馬達哉

目　次

第1章　最も必要なものだけの人生
——節約と独立の思想のゆくえ

本章では、田中美知太郎の「最も必要なものだけの国家」という概念の助けを借りながら、ベーシック・インカム、アナキズム、ノマド、ミニマリズム、FIREに現れた人生における最低条件の考え方の変遷をたどることで、二〇〇〇年代以降の日本の思想的見取り図を描き出す。

一見共通項なく雑多にもみえるこれら思想・運動は、生と善の分割、生きる上でなくてはならないものとあるに越したことはないけれど絶対に必要というわけではないものの線の引き方について一貫した論脈をもっていた。そこから浮かび上がってくるのは、国家ではなく市場に頼ることで生の次元を確保しようとする現在の傾向と、それに同期して、すでに目の前にある現実の肯定から出発する事実性への依拠ではなく、来たるべき未来像から照射して個人の私生活をコントロールしていこうとする規範性・当為性の復活である。本章はこれを高く評価しながら、なお残存するはずの経済的不平等に対して、コントロールの徹底によってコントロールを乱す処方箋を提案する。

1　最も必要なものだけの国家？

田中美知太郎の『国家』論

敗戦から一年も経たない一九四六年二月。ギリシャ哲学の研究者であった田中美知太郎はプラトン『国家』読解に費やされた論文「最も必要なものだけの国家」を発表した。論文の冒頭で田中は犬儒派で名の知れたディオゲネスの逸話について触れている。ディオゲネスは子供が手で水をすくっているのを見て自らを反省し、自分の頭陀袋のなかからコップを棄てたという。甕《かめ》のなかに住み、襤褸《らんる》をまとい、食糧を頭陀袋に入れて思索に励んでいたといわれるディオゲネスは、しかしただの吝嗇なのではなかった。というのも、「彼の主張に従えば、何の不足もなく、何を必要とすることもないのが、神の特質なのであって、必要とするものが少なければ、それだけ神に近いことになるのである」（田中　一九六八：二六九頁）。極限まで節約にはげむことで俗世という贅肉を削ぎ落して神性に近づける。彼が目指したのは、充実した自足であり、不足知らずの境地である。

ディオゲネスは甕と襤褸と頭陀袋で十分だと考えた。が、反対側からいえば、甕と襤褸と頭陀袋は必須であるともいえる。しかもそれらは茸や苔のようにそのへんに生えてくる自然物ではなく、人工的に加工された製品であり、多くの場合に市場で取り引きされる商品であるはずだ。たった一人でこれらすべてを準備せねばならないとしたら、気の遠くなるような労働と焼き物や被服に関する専門的な学習をこなさなければならない。この一事によって単純明快にみえた解のなかに無限に複雑な相が現れてくる。ポリス、すなわち国家が必要のなかの勘定に入り込んでくる。そのうえで最低限とは？

プラトンは理想国家論を構築するなかで、その前提ともなる「最も必要なものだけの国家」を衣食住に関わる生産能力をもつものたち、農夫、大工、織工をふくんだ四から五人の共同体としてまず提示する。彼らが協力すれば、少なくとも死ぬことはない生活が成り立つだろうというわけだ。そしてそれ以上の要求に応えるものを「奢侈国家」と呼び（同前：二八五頁）、その膨張は制限なき一途を辿るという。

リバタリアニズムとユートピア思想

一連の理屈は、現代でいうリバタリアニズムの最小国家論を想起させる。代表的理論家のロバート・ノージックは『アナーキー・国家・ユートピア』（一九九二年）で、暴力や詐欺から人々を守る夜警国家を正当化するが、それ以上の拡張国家、プラトン＝田中のいう奢侈国家は正当化の範囲外であると結論づけた。このかなり簡素な国家観は、ノージックによればユートピアの枠（メタ・ユートピア）として機能する。ノージックが思い描くユートピアのなかでは、人々は多数で多様な存在者であり、どんなに完成度が高いようにみえても単一のユートピアで彼らすべてを縛ろうとするとしぜん無理が生じてしまう。だから、縛るのをやめ、各人はそれぞれ最良と思えるユートピア構築の実験に臨んでよい。自分のユートピア像を他人に押しつけず、他人のユートピア像を押しつけられないのを唯一の条件に、複数のコミュニティが盛衰している。枠とは、ここで押しつけること／押しつけられることの禁止として現れる。各人にとっての住み心地よい居場所を見つけるため諸コミュニティ間の競合関係をかなり単純なルールで下支えしようとするのだ。

田中＝プラトンの「最も必要なものだけの国家」は、コミュニティ間の切磋琢磨のために持ち出されているのではない。どんなユートピアであれ、職能の異なる四、五人の結束くらいは必須であろうという枠組みを発見したのだ。現代、統計学や蓄積された種々のデータの参照によって大きく書き換えなければならないかもしれないが、ともかく注目すべきは、少数の項目によって生の最低条件を描き出すことができるという信憑の発生にここで立ち合っているということだ。以後それはその条件を確保するのに必要な最低限の労働時間の模索と軌を一にしていた。思想史、とりわけノージックが意識していたユートピア思想のなかでこの信憑は繰り返し頭を出している。

トマス・モア『ユートピア』（原著一五一六年／一九九三）では、ユートピアという架空の島国を訪れた旅人の口からその制度や風俗が語られ、全国民が一日六時間の農耕作業をすれば各人が生きていくのに十分な富が得られるとされる。前提として私有財産制と貨幣は禁じられ、貴族や地主のような特権階級も存在せず、平等な分配が約束されている。最低条件を浮かび上がらせるには、社会全体の効率性を最大化せねばならない。ユートピアでは装飾用にしか役立たない金銀よりも広い用途と強い耐久性が認められる鉄のほうが価値が高い。綺麗なだけの宝石などは子供の玩具でしかない。贅沢は敵だ。

トンマーゾ・カンパネッラ『太陽の都』（原著一六〇二年）は、太陽信仰の架空都市を見聞したとするジェノヴァ人がその仔細を報告するものだが、ユートピア国と同じく私有財産制が否定され、労働は誰であれ四時間かからない程度ですみ、残った時間は学問や武術の鍛錬に当てられる。生殖は徹底的に管理され、持参金や家柄といった見せかけではなく、公共のため生まれもった資質の継承が目指される。「大鼻」や「太っちょ」といった身体的特徴によって市民の名が決定し、仕事での傑出や武勲に応じて二つ名が追加されていく（カンパネッラ　一九九二：四三頁）。

ポール・ラファルグの「怠ける権利」（二〇〇八年）、さらに経済学者ケインズの「孫の世代の経済的可能性」（二〇一〇年）ならば、機械化された生産手段を駆使すれば真に必要な労働時間は一日三時間で構わないと数字はさらに更新されていく。六時間であれ四時間であれ三時間であれ、勤労の精神に逆らい、もうそれで十分であると宣言するための線をあまたの思想家たちは模索してきた。いや、実践すらしてきたのだ。一八四五年のアメリカ独立記念日、ヘンリー・デイヴィッド・ソローは、ウォールデン池畔に小屋を建て、誰の力も借りない自給自足の生活をはじめた。約二年間ほどにわたった挑戦は『森の生活』という著作となって多くの読書人に愛されることになる。ソローはそのなかで次のように述べた。「五年以上もの間、私は自分の手仕事による労働だけで自活の生活をしてきた。そこでわかったことは、一年のうち六週間ほど働けば全生活費が稼げるということである」（ソロー　一九九一：一〇〇頁）。より後半の回想でも、フェアヘブンに訪れたさいの貧しいアイルランド人との語らいのなかで、お茶、コーヒー、バター、ミルク、牛肉をわざわざ食卓に置こうとする強欲からかえって余計に働かなくてはならないのだ、とその不合理を戒めている。

よくいわれているように、古代ギリシャでは労働は奴隷がこなすべき忌むべきものとして遠ざけられていた。ハンナ・アーレントのいう生命維持のための「労働」（アーレント　一九九四：一九頁）が、より人間的な、文化や政治に関わる営みの基礎をなしつつも、どこかで軽んじられてきた。アーレントにとって私的領域よりも公的領域のほうが重みづけられているのもこの理解の延長線上にある。できればミニマムに抑えるべきなのが労働であり、生存のための苦労なのだ。アーレントの友人であり沖仲士の哲学者としてよく知られるエリック・ホッファーは、インタビューのなかで「私は、一日六時間、週五日以上働くべきではないと考えています。本当の生活が始まるのは、その後なのです」（ホッファー 二〇〇二：一六七頁）と答えている。

マスクは必要なものに入りますか？

しかし、そうは問屋が卸さない、というのが、実は田中論文の核心なのである。最も必要なものだけの国家が、すべての国家の基礎単位となる基体であったとしても、国家ならば絶対になくせないような本質を表現しているかといえば、そういうわけではない。そもそも、国家がなぜ求められるのか。善き生をまっとうしたい、するべきだと思うからだ。善き生の目的があるからだ。でなければ一人で狩猟採集でもして勝手に野垂死にしていればいい。最も必要なものを析出し、その上にあれば越したことはないが絶対に必要というわけではないものを積み重ねていく知的作業は、生と善の区別、生を確保したのに次いで善の追究を行っている。が、そもそも生の前提には善が潜伏しているのではないかという反論を彼らは忘れている。メタ・ユートピア論で置換するところだ。ユートピアのルールを確保した上で諸ユートピアの実験を推奨する……それにしても、ルールの言説自体が実験ではないと誰が決めたのか。「必要」という観念がそもそも目的性に依存し、それが善の観念なしに成立しえないのだとしたら、作業には根本的な錯誤がある。つまり、最も必要なものだけの国家もアルキメデスの点のごとき不動の前提ではなく、奢侈国家の膨張的なスライドを知らずしらずのうちに呼び込んでしまっている。「最も必要なものだけの国家は、もはや絶対の一点に固定せる存在としてではなく、むしろ相関的な概念として理解されなければならないであろう」（田中 一九六八：四五頁）。

田中の論文は敗戦直後の荒野を前にして発表された。群馬への疎開を余儀なくされ慣れない農作業のさなか執筆された。後年、マスクで顔を隠さなければならないほどの大火傷を戦災で負い、飢餓と寒さに震えながら、最低生活がそれでも「善」の観念を隠しもっていると書き切る筆致は感動的ですらある。その姿勢は、禁じてなくなるのならば台風も禁じればいいと後に挑発的に書くことになる憲法九条破棄論とも無縁ではないはずだが（田中 一九七〇）、とまれ、いったん涙をのんで見極めたいのは、絶対概念だと思ったものが議論を重ねるにつれていつのまにか相対概念に交代している、この一事である。

最も必要なものだけの人生、人が生きるうえでなくてはならないものという発想にも同じことがいえる。小品「マスク」によれば、戦後の田中は他人を怯えさせてしまう自身の醜さを隠すために、若い人の忠告に従ってマスクをつけて外出するのが常となっていた（田中 一九七〇）。さて、マスクは最も必要なものに入るだろうか。他人を嫌な気持ちにさせても生きてはいける。けれど、社会生活がどんなときも共同的なものならばその嫌悪感は致命傷に相当する。現代の、たとえば保険のきかない美容整形、歯列矯正や歯のホワイトニングの場合はどうだろうか。いかほどの財が貯蓄されていればいいのか、どれくらい働けば十分なのかの答えは、ヒトという生物のつくりや様々な経済理論のなかで客観的に定位できるようにみえる。が、実際には横滑りを余儀なくされる。近年意識されてきた最も必要なものだけの人生もその動揺のなかで姿を変じてきた。

2　ベーシック・インカム論を振り返る

ベーシック・インカムとはなにか

プラトンは善のイデアを直視できない太陽に喩えた。倣うようにブロガーの小飼弾は、真に働いているのは太陽であり、ヒトはなにも生産しておらず農家でさえ稲の上前をはねる寄生生物でしかないと述べる。貧困とは誰かが働かないから生じるのではなく、ありあまる財の「還流不全」、分配の失敗の結果なのだ（小飼 二〇〇九：一一五頁）。思想家のジョルジュ・バタイユは「一般経済学」の名の下に同じことをより巨大なスケールで語った。太陽光はすべての生命体を養っているだけでなく、それ以上のエネルギーを地球に注ぎ込んでいる。だから、人間はその余剰分をなんとかして使わねばならない、蕩尽せねばならない。それに失敗したとき、戦争という貯めこんだ財を空っぽにするための悲劇的な祝祭が訪れるのである（バタイユ 二〇一八）。バタイユに比べて小飼は合理的な光の分配の可能性をまだ信じている。まさしくその秘策こそベーシック・インカム（以下、ＢＩと略記）であった。近年の日本のなかで、最も必要なものだけの人生という発想をとりわけ強く刺激したのは、二〇〇七年以降のＢＩ論議に違いない。

ＢＩとは、全国民に毎月一定の金額、多くの提案では六～一三万円を全国民に無条件に給付し、生存を保障すると同時に、複雑化した社会保障制度を簡略化・合理化しようとする政策案である。種々の解説本によれば、経済評論家の山崎元が導入の提案をし、それを受けた元ライブドア社長の堀江貴文がＢＩ支持を表明したことで日本で一気に認知が広がった。二〇〇九年の山森亮『ベーシック・インカム入門』の刊行は、アカデミズムかジャーナリズムかを問わず世論の大きな関心を高めることに成功した画期点である。

断っておけば、ＢＩの発想自体は最近の発明なのではない。すでに名を挙げたトマス・モアのユートピア国では、国民ならば誰であれ財の分配が約束されているためＢＩの先駆ともしばしば読まれる。一八世紀にはトマス・ペインが土地の私有に疑問を投げかけ、地代を財源としてすべての成人への貨幣給付を提案している。さらに後年、経済学者のミルトン・フリードマンが「負の所得税」、平均以下の低所得者がその差額の給付を受けることができるというよく似たアイディアを提出した。ただし、論集『ベーシックインカムは究極の社会保障か』で萱野稔人がいうように「負の所得税」は働くことを前提にしているがＢＩは制度設計自体では労働の克服を射程に入れている（萱野編　二〇一二：三〇頁）。月七万円程度では都市部で一人暮らしていくことはままならないが、生活費の安い地方ともなればＢＩのみで生活できるのではないか、との夢が繰り返し語られた。それが早合点だったとしても、生存が自動的に確保されるのならば、過酷な働き方を要求してくる企業、いわゆるブラック企業から離職し、自分にとって最適な働き方を選べるのではないかという期待が高まった。

生と善は分けられるか

前述の論集のなかで興味深い対照をなしている東浩紀と萱野稔人の説を比較するところから出発し

てみたい。その対照とは、東がBIに賛成であるのに対して萱野は反対の立場を採っているのも然ることながら、もっと根本的に、国家は生存を保障すべきかそれとも承認を（も）保障すべきかの対立を代表している。生と善の分割が可能か、それとも不可分なのかの対決と言い換えてもいい。

哲学者の東浩紀は、論集でのインタビューに先んじて、二〇〇九年に放映された「朝まで生テレビ」でオープンガバメントとBIの組み合わせ、私的な生活のデータを政府に差し出すことと引き換えに生存保障程度の給付金が受け取れる構想を披露していた。また動画配信サイト「ニコニコ動画」にて、二〇一〇年に配信されたBIをめぐる座談会でも司会を務めている。そんな東がなぜBIを支持するかといえば、「労働と生存、いいかえれば承認と生存を切り離せるから」だ（萱野編 二〇一二：五七頁）。現状、社会人として認められるには仕事、特に企業への就職を通じて達成されるほかなく、それはなにより「社会人」という言葉自体がただちに会社員を意味してしまう奇妙な言葉の流通からも容易に察せる。働かなければ食っていけない。このように強く癒着してしまった仕事＝承認（善）と生存（生）を、BIによって切り離すことで、国家は各人の生存を守る義務は負いつつ、同時に社会的承認に関するそれ以上の介入は戒められねばならない。手出しできないし、できるべきでもない。東にとって公的領域は人間の生命維持的な側面であり――だから公開され保障の対象にならなくてはならない――、私的領域が思想信条のような文化的な側面に対応している。今日の情報技術を駆使すれば、各人の生命維持だけを公的に取り扱い、国家権力をその範囲内に封じ込めることができるというのがその見立てだ。

対して、萱野稔人はBIの本義を労働からの解放と捉えた上で、全面的に反対の立場を採る。既存の社会保障は仕事＝承認と生存の二つの面倒をみようとしている。失業保険はいうまでもなく次の仕事を見つけるための猶予づくりである。生活保護は働くことができず身内に扶養者がいない場合に限った最後の救済策に等しく、だからこそ資力試験が厳しいために本来受給して然るべき層を大量に逃してしまう間抜けを演じる。無差別の給付であるＢＩの長所は、この厳しすぎるハードルの本末転倒を是正するものとしてもしばしば理解されるが、現状の社会保障は漫然と現金をばらまくことには禁欲的であり、その背後には社会参加や復帰の機会に課題意識があることを忘れてはいけない。ＢＩは「働きたいのに仕事がなくて働けない」人（萱野編 二〇一二：一三四頁）になんの手当もできず、それればかりか、お前は社会に不必要な人間であるというメッセージを与えてしまう。ＢＩが普及したあとの世界では職業訓練や雇用対策も税金の無駄遣いと非難されるだろう。これでは現金だけあっても無気力な無能力者を増やすだけだ。つまり、ＢＩは生存の面倒はみても、仕事＝承認の次元は切り捨てる、切り捨てて構わないという自己責任論に傾斜している。ＢＩ可能な財源があるのならば、政府は公共事業や雇用の創出といった公共投資にこそ力を注ぐべき、と萱野が説く所以である。萱野の立論は、東の語彙を借りれば仕事＝承認と生存は切り離すべきではない、切り離してしまえば、ただ生きているだけの、善き生の追究を断念した木偶坊を大量に生み出すことになるだろう、と要約できる。

齊藤拓が批判的に指摘するように（立岩＆齊藤 二〇一〇）、萱野が二〇〇七年に赤木智弘の「希望は戦争」論を同様の論旨で擁護していたことは付記しておいていい。赤木は「丸山眞男をひっぱたきたい――31歳フリーター。希望は戦争。」という一文を発表し話題を呼んだ。ポストバブル世代のフリーターはまともな職に就けない苦境にあえいでいるが、世間は彼らの苦しみに共感せず、それ以上に自己責任だと罵って放置する始末だ（赤木 二〇〇七）。そんな不平等を是正するには、戦争という社会流動化を待望しなくてはならない。東大のエリートだった丸山眞男もいざ軍隊に投入されれば中学にも進んでいない一等兵にこき使われる。ここで焦点化されているのが、単なる財産や仕事の有無ではなく、職業のグレード、正社員職と非正規職の格差であることに注意しよう。萱野は、赤木の論を借りながら、格差といわれたとき経済格差だけをイメージしてしまう左派の想像的貧困を指摘し、「アイデンティティの問題」、「自分が社会のなかでまともに承認され、みずからの存在の価値が保証される」機会の格差こそが真の若者問題なのだと論じていた（萱野 二〇〇七：五七頁）。この姿勢がＢＩの評価と連続していることはなるほど見やすい。

分割可能性のほうへ

東と萱野の対立は、古くから生と善を一緒くたに請け負っていた仕事のパッケージングに鋏を入れ、その個別売りを許せるかどうか、許すべきかどうかの分岐であったと捉え直すことができる。生の軛から解き放たれた仕事は限りなく遊びに近くなり、同時に、善に見切りをつけることで自らの席を貨幣に譲る。背景には、成人男性の非正規雇用の増加といったまともな仕事の希少財化がある。

日本ＢＩ論の先鞭をつけた小沢修司『福祉社会と社会保障改革』（小沢 二〇〇二）は既存の社会保障が正社員中心主義に統べられ、個人生活の自由が抑圧、少子化が進む一方で、そこから零れ落ちた人は主要社会保障の受給権を喪失してしまうと指摘する。しかも雇用形態の多様化はその不運をもはや珍しいものにさせない。小沢とは論調を異にする小飼弾も堀江貴文も、国民の生存のために必要な生産性は科学技術の進歩とごく一部の知恵者の機転によってすでに調達されており、大多数は本来必要のない仕事にしがみついているという就職中心主義批判には肯定的だ。それればかりか、両者にとってみれば人々は承認やアイデンティティといった仕事の副産物に目がくらむあまり、不要な職をさらに生み出すという悪循環にさえ陥っている。実際、堀江は萱野との対談のなかでＢＩ導入の動機を、公共事業や社会福祉の中抜き、行政の手続き的コストの削減に求めていた（萱野&堀江 二〇一〇）。働きたい人が多すぎる。日進月歩するＡＩ（人工知能）によって大量馘首を余儀なくされた事務職員たちへの補償としてＢＩ導入を訴える井上智洋も同様である（井上 二〇一八）。萱野からみれば貨幣によって三行半を叩きつけることは、仕事に付随した社会的関係性というボーナスを労働者から没収しようとする、せせこましい精神の現われであった。そして、日本における最も必要なものだけの人生は以後、萱野の望むところとは反対の方向に向かったようである。

3　当世アナキズムと事実性

グレーバーのBI支持とアナキズム

一人前といわれるため仕事のために仕事をする。仕事を生み出す。この不毛を人類学者のデヴィッド・グレーバーならば「ブルシット・ジョブ」と呼ぶに違いない。ブルシット・ジョブとは、働いている本人にさえ完璧に無意味に思える仕事のことである。スペインの公務員が六年にわたって給料を受け取りつつ業務と無関係なスピノザ研究に明け暮れていた。六年ものあいだ職場に姿を現わさずとも特に支障ない仕事がこの世にはある。しかも官僚制的組織を中心に大量にある。にも拘らず、ブルシット・ジョブはあたかもそれがまともな仕事であるかのように取り繕わねばならない欺瞞のなかで成立しているからいっそうたちが悪い。bullshitとは牛の糞を意味する言葉だが、グレーバーの語源考によれば「詐欺、欺瞞」を意味するフランス語boleに由来している。道徳的違反の含意をもつブルシット・ジョブはだからシット・ジョブ（クソ仕事）とは違う。シット・ジョブとはその労苦に比して報酬や処遇が割に合わない仕事であり、清掃員やケア労働者、多くのブルーカラーによって担われている。それは仕事の対価がクソなだけで仕事自体がクソなのではない。ブルシット・ジョブはそうではなく、誰の役に立っているのかまったく分からない、やってる風の仕事を指している。小飼と同じくグレーバーもまた、仕事なるものの非創造性、依存性を強調する。「ほとんどの労働は、いろんなものごとを維持したり作り替えたりすることにかかわっている」からだ（グレーバー 二〇二〇：二八九頁）。創造してない。フリだけしている。太陽の乞食である。

だからこそ、政策提言が目的ではないと断りつつも、グレーバーの解決策が相変わらずのＢＩであることも決して驚くには足らない。ルトガー・ブレグマンが、グレーバーを引きながら井上と同じくＡＩでＢＩを訴えるのも道理である（ブレグマン 二〇一七）。生きるために仕事をせねばならないという思い込みをＢＩで砕くことで人は初めてブルシット・ジョブから解放される。スピノザ研究は堂々とするべきなのである。

ところで、そんなグレーバーが自身の政治的立場を「アナキスト」であると説明していることは見逃せない。語源的には無支配（an-archy）を意味し、固有名ならプルードン、クロポトキン、バクーニンなどが挙がるその立場を、彼は「差し迫った問題に対して、政府や企業により多くの権力を与えてしまう解決策よりは、自分たちの問題を自分たちの手で対処できるような手段を人びとに与えるような解決策のほうを好む」と表現している（グレーバー 二〇二〇：二四六頁）。無政府主義とも訳されるアナキズムは、財の再分配を政府にたくすBIと両立可能だろうか。BIは国家権力の増強を招いてしまうのではないか。グレーバーは予想される疑問に対して否と応える。というのも、「政府のほとんどの部署――正確には一般市民を道徳的に監視する役割を重く担っているために、最も介入的で不快に感じられているセクション――が、ただちに不必要となり、端的に閉鎖できるはず」だからだ（同前：三五九頁）。多くの政府職員は無職となるが彼らにもBIが支給されるので生活に苦しむことはなく反対に好きなことをして生きていけるだろう。好きなことで、生きていく。政府機能をスリムにして、かつ民衆たちにカネをばらまける。アナキストとしては一石二鳥だ。

グレーバーから栗原康へ

日本でグレーバーの立ち位置を踏襲しているのが栗原康である。大杉栄や伊藤野枝など日本アナキストの伝記執筆でよく知られる栗原は、グレーバー「新しいアナーキストたち」（グレーバー 二〇〇四）の訳業をもち、さらには二〇一五年の『学生に賃金を』ではBIの導入を訴えている。本書は、矢部史郎「学生に賃金を」（矢部 二〇〇三）に霊感を受けて、大学の高すぎる授業料に反旗を翻し、むしろ学生に賃金を与える策を練る。結果、イタリアのアウトノミア運動、そこで求められていたB

Iを高く評価している。栗原によれば、学生もまた労働者である。学生たちは大学教授の講義を聞いて単位を得る。教授らには給与が支払われるが学生たちは授業料を納めなければならない。当然にみえるこの光景も、しかし聞くという行為を仕事と捉えた途端瓦解する。多くの場合つまらなく退屈な教授の話を聞いてあげることで初めて講義は仕事になる。仕事にする仕事をしている。シャドウ・ワーク（影為）やアンペイド・ワーク（支払われない労働）は、まっとうな仕事を持続可能にするような重要な役割を担っているにも拘らず、現在の資本主義的な社会では評価の対象に入らない。つまり、本人も仕事と認識していないような諸活動でさえ見方を変えれば立派な仕事になっているのだからＢＩというかたちで生存の事実に対価を支払って構わないではないか、と栗原はいうのだ（栗原二〇一五）。

この論点は、ＢＩが議論されたとき、フェミニストや女性労働者が両義的な反応を示したことと関連している。論集『ベーシックインカムとジェンダー』に顕著だが、個人給付のＢＩは、一方で、世帯単位での給付を当然とする家族主義を克服し、多くは女性によって担われてきたケアや家事労働、育児などの再生産活動に正当な光をあてているようにみえる。フェミニストの主張「家事労働に賃金を」の実装である。他方、頭数が多いぶん家族での受給のほうが結局は有利、独身女性には相対的に不利に働く可能性もある。さらには、もともと低賃金で不安定な雇用のなかで働いてきた女性の問題に、いまさら無条件の全員給付を解決策としてあてがうのは、ひどい糊塗であるばかりか社会への異議申し立てを抑制する口止め料として機能するかもしれない（堅田ほか編 二〇一一）。堅田香緒里は、奨学金＝借金地獄という栗原によく似た問題意識のなかでＢＩ導入を提案するが、性別役割分業を解消しうる別の政策との抱き合わせを求めている（堅田 二〇〇九）。ＢＩだけでは不足なのだ。

ところで、ＢＩとアナキズムという共通項をもちながらも、栗原とグレーバーとでは大きな違いもある。というのも、グレーバーは威勢だけは一丁前な官僚制に三行半を突き付け、シット・ジョブと蔑まれているケア労働やエッセンシャル・ワークの再評価に向かうのに対して、栗原は「ブルシット・ジョブとそれ以外のジョブがあるのではない。あらゆるジョブがブルシットなのだ」（栗原 二〇二一：一九九頁）と、仕事の輪郭そのものを標的とするからだ。書名にも採用され、ときおり座右の銘のごとく著書のなかで繰り返される「はたらかないで、たらふく食べたい」（栗原 二〇二一）のフレーズは、文字通り、真の仕事を求める迷妄を断ち切って仕事はすべての人が常にすでにしているという事実性の徹底に置き換えるその傾向をよく示している。

求めるな、すでにあるのだ

ＢＩがその理論的な帰結なのかはひとまず措いて、アナキズムは現代日本において特に大きな存在感を誇っている。その理由はおそらく、二〇一一年三月一一日の東日本大震災と後続する福島の原発事故による混乱によって、政府不信／民衆自治に大きなリアリティを鼓吹したことにあるはずだ。邦訳自体は二〇一〇年に刊行されていたものの、震災以後に再読が進んだレベッカ・ソルニット『災害ユートピア』は好例である。柄谷行人による書評を契機に、日本でよく知られることになったソルニットは同書で次のように指摘した。ハリケーン被害や大地震の混乱といったパニックのなか、一般に人は他人を押しのけ我が身かわいい利己主義者になると信じられているが、数々のドキュメントや学説はそれと反対のこと、つまり互いに助け合い、弱い人を率先して救助しようとする相互扶助的な共同体の誕生を教えている。人間不信を強めるのは、むしろエリート層であって、ここには中央政府の支配なしに自然発生的に結成された小コミュニティで事足りるとするピョートル・クロポトキンの理想の顕現がある。災害学を提唱した学者の著書のなかにクロポトキンの引用を見つけながら、ソルニットは地獄の中の楽園、災害ユートピアの実在を高らかに謳う（ソルニット 二〇二〇）。

イギリスで保育士として働くかたわらライターとしても活躍するブレイディみかこは、『他者の靴を履く』のなかでグレーバーやソルニットを引きながら、相互扶助（アナキズム）の原動力となるエンパシーに注目を促す。empathy は sympathy に似ているものの、不遇な他者への感情的な同調に相当するシンパシーと違って、特に認知的エンパシーと呼ばれる種類のものは立場の異なる他者の境遇を単に想像してみる――これをイギリスでは「他者の靴を履く」と表現する――知的能力をいう。ブレイディの見立てでは、シンパシーは党派的に働き配慮すべき相手を無意識に選別してしまうのに対し、災害ユートピアで顕著に表出するエンパシーは、助け合いたいという人間の本然的な欲望を解放し、利己主義と利他主義の無謀にもみえる合体を実現する（ブレイディ 二〇二一）。ブレイディの著作のなかで頻出する「地べた」という言葉は、圧倒的なリアルによって政治家の御託や知識人の分析を皮相として片づけるための印籠として機能している。「欧米では尊厳は薔薇の花に喩えられるが、あのアナキズムは理想の国に咲く美しい花でも、温室から出したら干からびて枯れてしまうようなひ弱な花でもない」「それは地べたの泥水をじくじく吸い、太陽の光など浴びることがなくとも、もっとも劣悪な土壌の中でも、不敵にぼってりと咲き続ける薔薇だ」（ブレイディ 二〇一七：二三四頁）。

相互扶助は常にすでに「地べた」にあって、ブレイディにとって外野から投げかけられた知的な言葉の数々はいわば空中戦を繰り広げているにすぎない。そこはあらゆる草の根《グラスルーツ》活動が繁茂する在野の揺籃なのだ。太陽すら無用の長物なのかもしれない。

特にクロポトキンに顕著だが、事実性への高い評価は当世アナキズムの論調を広く特徴づけている。これはグレーバー（グレーバー 二〇〇六）や『実践 日々のアナキズム』を書いたジェームズ・C・スコット（スコット 二〇一七）など、人類学者らしい知見の強い反映であるとも読める。なぜなら、国家要らずのアナーキー的現実は過去の、または僻地の人間共同体のなかにすでに認められることを人類学は教えるからだ。事実性と対になるのは規範性・当為性である。事実性への依拠を〈～である〉の重視と表現してみれば、アナキストたちは〈～であるべき〉で組み立てられる社会設計の空疎を衝いている。求めるな、すでにあるのだ。そう、最も必要なものは手元に揃ってる。生の拡充はある。相互扶助はある。そして革命はある。親鸞の自然法爾、さらに幸徳秋水『社会主義神髄』の「革命は天也、人力の非ざる也」を引きながら、栗原が「ならば革命とはなにか。それは天にいざなわれ、おのずと起こってしまうものだ」「そこに人為はない、打算はない」（栗原 二〇二一：一八一頁）と説くのは、アナーキーな原動力を別次元に設定するのではなく、個人内在的な日常の延長線上にあると考えるからだ。栗原にとって「無政府は事実」（同前：二八四頁）なのである――この言葉は伊藤野枝の評論「無政府の事実」を念頭にしている――。

強い相互参照があるわけではないが、坂口恭平の独立国家論も栗原と並行している。隅田川沿いの路上生活者たち、特にその住環境を取材してきた建築家の坂口は、ゴミから生み出される彼らのブルーシートハウスに想を得て、定住しない車輪のついた家であるモバイルハウスを設計（坂口 二〇一〇）、さらに震災以降は貨幣経済に依存せず相互扶助的な自律共生のもと運営される「新政府」発足を勝手に宣言した。熊本の「首相官邸」に東日本からやってきた避難民たちを受け入れたのだ（坂口 二〇一二：八八頁）。坂口が師事した路上生活者から学ぶべきは、「政治や行政に文句を言っても仕方がない」（同前：四八頁）ということであり、「革命がすでに起きていることを、思考の転換によって見つけ出すことができる」（同前：二〇頁）。ここでも、無政府や革命はどこか遠い未来や見知らぬ奥所に望見されているのではなく、単に現にあるものとして見出されている。坂口を最初期にプロデュースした九龍ジョーは、非正規雇用の格差論への応答として坂口に期待を寄せた旨を語っているが（磯部&九龍 二〇一四）、当世アナキズムにとって赤木智弘の問題提起は叶わぬ夢にいまだ拘泥する未練とうつる。

栗原と違って経済政策についての具体的な意見をもち、対談では「暴動」よりもケア労働を通じた「相互扶助」を強調するブレイディも、その原動力となる「他人を助けたい本能」について触れると き事実性への傾斜を強くする（ブレイディ&栗原 二〇二〇：二一八頁）。ブレイディの『他者の靴を履く』において、「本能」という言葉は両義的に評価されている。エンパシーが獲得するべき「能力」であったのとは対照的に、シンパシーはミラーニューロンの働きに従って自分と同じを見つけてきゃっきゃと喜ぶ「本能」的機制でしかなく、ここには能力の開発によって本能の従属から離脱せんとする姿勢が認められる。ただし、エンパシーとアナキズムとの結びつきを探る後半部では、アメリカで活躍したアナキスト、エマ・ゴールドマンがいう「個人と社会的本能」の一致を引きながら（同前：二六八頁）、「「助け合いたい」本能」への率直な信を語る（同前：二一一頁）。本能ならばわざわざ獲得・開発に努めなくてもよいはずだ。社会学でいうところの構築主義批判（＝本質主義の擁護）に踏み込まざるを得ないはずの本能への依拠は、最も必要なものだけの人生のなかに、社会福祉政策に先立つ人々の相互連帯の現実を数え、かつ現今の体制を変えていくための革命の潜勢力を認める。前節を受けていえば、生と善の分割は当世アナキストにとってはもはや議題に挙がらず、いま目の前にある生を真摯に追究していけばおのずと必要な道具一式、さらには調和的な状態を引き出すことができる。規範性・当為性での頭でっかちな社会設計は実現可能性を無視した青写真にすぎないのだ。

4　多元化する経済と脱場所性

新しい経済？

アナキストは国家の支配に抵抗しつつ同時に資本主義の支配にも否をいう。草の根の自律共生はずっと逞しい。勝手にやっているのだから、できるのだから、邪魔するんじゃないよ。そのなかで、坂口恭平は他の当世アナキストと違って「経済」という言葉に拒否反応をもたない。坂口にとって経済とは、貨幣の運動に縛られている以上により拡張された解釈のなかで捉えられているからだ。そもそもeconomyとはoikos（家）＋nomos（律）からなる私的なもの、自らの足元にあるものの学だったはずだ。たとえば、福島の子供を熊本に無料で招待するという「〇円サマーキャンプ計画」では（坂口 二〇一二：九二頁）、必要な経費の大半を知人やＳＮＳのフォロワーから調達している。坂口によればこれは募金ではなく「投資」である。まっとうな目的と気概を見せることで、彼を助けたい気持ちが昂って財を投下する、そこにもう交易が成り立っている。坂口はこれを「態度経済」と呼ぶ（同前：九三頁）。粋な威風を見せられて人はそれをほっとくことができない。自殺者三万人超えの日本の現実を憂慮し、個人的な携帯電話番号を公開した独自の電話相談サービス、通称「いのっちの電話」の試みもその度量の深さを感じさせる。

先行して評論家の岡田斗司夫は「評価経済」というよく似た概念を唱えていた（岡田 二〇一一）。岡田によれば、現在は大きなパラダイム転換、つまり貨幣経済から評価経済への交代のさなかにある。たとえば、働き手不足に悩むことのないディズニーランドは、みんながいいイメージをもっていると信じる圧倒的なブランド力こそを最大の強みにしている。貨幣の争奪戦から影響力の争奪戦へ。まとまった資本金があったとしてもＳＮＳのフォロワーを増やすのが容易でないように、企業や個人のもっている影響力・良イメージ・高評価は貯金よりも稀有な資産であり、今般の社会的成功の秘訣となる。平たくいえば、社会はいい人であればあるほど有利に進むゲームである。

同様の現象を社会学では社会関係資本という用語のもと捉えてきた。稲葉陽二『ソーシャル・キャピタル入門』（二〇一一年）を導きの糸としよう。同書によれば、社会関係資本とは人が他人に対して抱く信頼、習慣化したお互い様感覚、ネットワークのことをいう。言葉自体は小説家ヘンリー・ジェイムズの一九〇四年発表の小説のなかに登場していたが、つづいて政治学的な哲学者らの手によってより細かく彫琢されていった。よく参照されるロバート・パットナムの著作から例を取ってくれば、腎臓移植を希望していた64歳のアフリカ系アメリカ人がボウリングの趣味を通じてたまたま出会った33歳の白人男性から臓器提供の好機を得た。ここで働いているのは、臓器を差し出した対価として金銭を要求する市場の原理ではなく、好意と信頼によって人助けを実行してしまう人脈やコネクション、社会関係資本の威力である。

ところで、同書では市場的合理性を補完する社会関係資本が、個人に帰属しているのか、それとも個々人の間（場）に属しているのかの論点を提起している。稲葉によれば、パットナムは社会関係資本がコミュニティ全体に属していると捉えていたのに対し、フランスの社会学者であるピエール・ブルデューは個人にその所有格を認めているという。臓器移植の例でいえば、利他的な態度を惜しまない習慣をもった白人男性やいかにも助けてあげたくなるような愛嬌をもっていたアフリカ系アメリカ人にその所在を認めるのか、または彼らの関係性、その関係性を育んだはずのコミュニティの雰囲気にあると考えるべきか。

この視点は前節の議論をより緻密にさせる。災害ユートピアは典型的な社会関係資本の顕現である。しかしその資本はどこに貯蔵されているのか。災害ユートピアをノンエリートの共同体における普遍的現象であるとソルニットが読むとき、社会関係資本は脱属人化されている。構築主義的ではなく本質主義的に想定されている。反対に坂口恭平にとって「態度経済」には強者と弱者が明確に存在しており、個々人が卓越した「態度」をもてるかどうかが社会関係資本の貧富を分かっている。ブレイディの場合、エンパシーを学習可能な「能力」と定義する点で社会関係資本は属人的な強調点をもつが、それをクロポトキン流の「本能」で基礎づけるとき、個人という囲いが溶けて資本が無差別に奔流している。

跳躍するノマド

坂口の『独立国家のつくりかた』が刊行された二〇一二年、TBS系列で放送されているテレビ番組「情熱大陸」に安藤美冬が出演し、ノマドという働き方が話題になったのは時代の空気をよく表している。もともと大手出版社に編集者として勤めていた安藤は鬱病をきっかけに離職を決意。以降はソーシャルメディアを活用しながら、執筆業や講演業など複数の仕事を併用する「ノマドワークスタイル」を実践する（安藤 二〇一二）。ノマドとは、直訳すれば遊牧民の意だが、ここでは会社に帰属せず自分の裁量で自分の仕事をこなすフリーランスの生き方をいう。安藤の言説は、常見陽平が指摘するとおり九〇年代から延々唱えられてきたフリーランス礼賛論の亜種でしかなくその独自性は薄い。常見も挙げている二〇〇九年の佐々木俊尚『仕事するのにオフィスはいらない』（佐々木 二〇〇九年）の副題はずばり「ノマドワーキングのすすめ」であった（常見 二〇一三）。ワークシェアリングの議論からみても同断である。

ただし、その遊牧的スタイルのなかに、会社員という資格からの離脱だけでなく、スタバでMacBookを開いてメールの返信をこなしていくような、場所からの離脱のイメージもまた大きな位置を占めているのは見逃せない。会社という特定の場所自体がそもそも不自由なのだ。確認するべきは、そこで念頭に置かれている仕事なるものの実態が、インターネットを介したコミュニケーションであるということだ。ノマドワーカーたちは複数の利害関係者のあいだに立ってそのコミュニケーションを円滑に進めなければならないが、逆にコミュニケーションさえ成功していれば仕事は完遂されたも同然であるため特定の場所に囚われる必要がない。シェアリングエコノミーの流れもこれに拍車をかけた。

それ自体が東日本大震災以降の潮流をよく示しているし、二〇一九年からの新型コロナウィルス感染症の流行は、これを押しとどめるどころか、密室空間での集合の禁止とリモートワークの推奨によってさらなる後押しを作った。これら背景のもと、ノマドは分野的に隔たっているようにもみえる坂口の言説とも奇妙な同期をみせていく。両者の言説から透けるのは、社会関係資本が市場の原理を補完する以上に、市場的成功を収めるためにこそ社会関係資本を上手く築かねばならないという現代的転倒である。

コミュニケーションが仕事になる

経済学者のクリスティアン・マラッツィはポストフォーディズム時代における労働力の変化について語っている（マラッティ 二〇〇九）。計画された作業を淡々とこなしていれば自然と経済成長していった工場制労働の時代と違い、在庫を大量に抱え込むことなく機を見るに敏な商売が優位に立つ低成長時代がやってきた。そこでは微細なコミュニケーション能力、状況に合わせて自らを変える柔軟性が高く評価されていく。生産とコミュニケーションが不可分となる。会議をすると働いたことになっている。ノマドはいうまでもなくその教義を究極的に体現している。なにせSNSを駆使して自分自身をブランド化するところにその最終目標と持続可能性があるのだから。

ただし、このセルフブランディングに、表面だけ取り繕った中身なしのハリボテを看取するならば、その懸念は個人帰属的な社会関係資本の戦略にも被せられなければならない。たとえば、ときに大言壮語にうつる坂口恭平の提言の数々も、ノマドワークスタイルからみれば強力な「態度」形成のための模範的な行動だったといえるのかもしれない。

　安藤自身が確認している通りノマドの語自体も先行者の借りものであった。といっても、ドゥルーズ&ガタリのことではない――いや、それとてアーノルド・トインビーからの大いなる借り受けだったわけだが――。安藤が挙げているのはフランスの歴史家、ジャック・アタリの『21世紀の歴史』(アタリ 二〇〇八) である。市場と貨幣の支配が地球全体を覆い尽した破綻直前の世界であると現代を捉えた上で、アタリはその救済策を古代から現在までの人類史という非常に大きなスケールのもと探ろうとする。本書には、「超ノマド」「下層ノマド」「ヴァーチャル・ノマド」という三種の遊牧民が登場する。超ノマドはエリート遊牧民。金融業や企業のコンサルタント、デザイナー、ソフトウェア開発者、アーティストといった自営業者たちで構成され、複数の職を同時にもち、自分の人生をあたかも株式資産運用のように管理している。対して、下層ノマドは彼らと違って自らの人生計画のなかで移動するのではなく、一日二ドル以下の貧困ラインを下回るなか職と住処を求めて居場所を転々とする生活を送っている。ちょうど映画『ノマドランド』(二〇二一年)、その原作となったノンフィクション (ブルーダー 二〇一八) が描き出したように肉体労働で食費とガソリン代を稼ぎながら車のなかで寝泊まりしているアメリカの高齢者たちの姿を当てはめればよい。最後に残ったヴァーチャル・ノマドは、超ノマドに憧れながらもそれを叶えることのできず「あたかも日本のオタクのように」(アタリ 二〇〇八:二二五頁) ヴァーチャル空間での趣味に没入している定住民のことだ。安藤のいうノマドが、超ノマドへの成り上がりを指していることは改めて指摘するまでもない。

アタリのノマド論のなかでもう一つさらっておくべきは、「オブジェ・ノマド」の分析である。これは移動しながら生活するのに便宜である携帯可能な対象物のことで、古くは尖った石やお守り、近代以降は書物、カメラ、ラジオ、近々ではインターネットに接続する諸々の機器といった発明品をいう。やがて身体内部に組み込まれ、権力からの監視に利用されるだろうという暗い未来を語るアタリだが、これらが無視できないのは、特に超ノマドの前提になっている脱場所的かつ汎場所的な仕事、そのコミュニケーション可能性をそれら技術体が下支えしているからだ。日本では二〇〇八年七月にApple社のiPhone 3Gが、つづく二〇一〇年にはiPadが発売され、ユビキタスな情報環境が大きく浸透した。安藤が勧めるSNSでのセルフブランディングもオフィス要らずのネットを介した円滑なコミュニケーションも、これら機器の普及と不可分であった。ノマドにとって最も必要なものとはスマホかもしれない。そして、最も必要なものだけの人生は独立の子ノマディズムに並行して、毎日同じ服を着るAppleの創業者、スティーヴ・ジョブズも実践していた、ミニマリズムという節約の子にも継承されていく。

5　ミニマリズムからFIREへ

モノは要らない

羽田圭介の小説『滅私』（羽田　二〇二一）の主人公は、「身軽生活」というウェブサイトでミニマリズムの宣伝とその実践に努める。ミニマリズムとは身の回りにあるモノを捨てて最小限で生きようとする生活スタイルのことで、作中でも十点を超えない衣服のストックで通したり、たった1Kで夫・妻・子の三人暮らしを貫いたりと、現実世界でもよく耳にするミニマリストの生活が紹介されている。可能な限りすべての所有物を捨て去り、身軽な自分を目指す最小限主義は、小麦粉を食べると太ってしまい痩せるために時間と労力を無駄に使わなくてはならないのでそもそも摂取しないという徹底ぶりだ。が、そんなある日、彼の元に差出人不明の胎児のエコー写真が届く。自身の過去、もっといえば記憶という簡単には消え去ってくれない時間の亡霊と対峙する、というのが本作の大きな読みどころだ。

ここでもノマド・オブジェは有効活用されている。主人公が仕事に出るさいは、リュックサックのなかに財布、MacBook、iPhone、小型カメラを入れるだけで事足りる。そもそも生活費は株式投資の利益で儲けているのだ。また、彼がもっている音声、写真、動画のほとんどは、一つのデータを二つずつに複製して保存するというバックアップ対策万全の四基のＨＤＤに保存され、物質性はことごとく質量をもたないデジタル空間に転送されている。

ウェーバーの書名を踏襲した橋本努『消費ミニマリズムの倫理と脱資本主義の精神』（橋本 二〇二一）は、資本主義が要求してくる大量生産大量消費の生活スタイルを反省し、地球環境の危機を目前にした倫理の個人的実践としてミニマリズムを高く評価している。『滅私』でもミニマリストたちのリサイクルやリユースといった循環的経済を「地球を守りましょう」の標語のもと正当化する言説がみえる（羽田 二〇二一：八五頁）。橋本によれば、ミニマリズムが今日の簡易生活の意で用いられはじめたのは一九八〇年代、アメリカのニューエイジ思想の流行に端を発する。デュエイン・エルジンの『ボランタリー・シンプリシティ』はその代表的な著作である。日本では二〇〇五年の「モッタイナイ」節約運動、やましたひでこ『新・片づけ術　断捨離』を経て、近藤麻理恵、通称「こんまり」の『人生がときめく片づけの魔法』(二〇一〇年)によって広い認知を得た。近藤のインパクトは日本に留まることなく二〇一五年には雑誌『TIME』の「世界で最も影響力のある一〇〇人」に選ばれた。近藤にしろやましたにしろ、部屋の片づけを精神性の修練や研鑽と結びつけている点で大差ない。近藤によれば、片づけとは修行で滝に打たれ自分を見つめ直すことと同義であり、人生の目標や自信に満ちた生活の基礎となる(近藤 二〇一一)。やましたは「断捨離」を禅の用語系のなかで説明し、心の混沌と人間関係の整理整頓に役立つという(やました 二〇〇九)。

自己啓発的転回

絶えず自己を反省的に捉え、新たに獲得した知恵や技術を介入させることでより理想的な自分にアップデートできると信じる姿勢を、ここでは自己啓発と呼んでおこう。片づけの自己啓発的傾向は、社会学者の牧野智和によってすでに指摘されている。牧野は二〇〇〇年代の片づけ本ブームを、掃除、整理・収納、捨てること、シンプルライフ、風水などに要素分解し、それぞれの先行文脈をまとめながら、主従の逆転、すなわち空間の合理的な使用術の副産物として「自分らしさ」や「心」の発見がもたらされるのではなく、自分らしくあるためにこそ片づけに向かわねばならないという転倒があったという。自分らしさを片づけによって獲得しようとするのだ。牧野はこれを「自己啓発的転回」と呼ぶ(牧野 二〇一五:二三二頁)。さらに、片づけ本をふくめた自己啓発書の現代的潮流に

「コントロール可能性への専心」の特徴をみる（同前：二八八頁）。私生活を構成する細々な要素を、なりゆきや自然な流れと捉えるのではなく、確固たる意志のもと選択可能なものとして析出し、その調整が公的活動との好循環を約束していると信じる心的態度である。自分（のコミュニケーション能力）を商品として売るために自己宣伝に勤しむノマドワークスタイルにとっても肝要な態度といえるに違いない。

ただし、注を付しておけば、片づけ術とノマドが直線的な関係を結ぶとは限らない。特にあらゆるアイテムをデジタル化、さらにはネットのクラウドに投げて身軽を実現しようとするノマドに反して、近藤などはそのタイトルにもあるように「ときめき」を相変わらず重視している。モノを捨てるべきかどうかは、それを触ってみたときに感じる「ときめき」、難しくいえばアウラの有無で判定すべきであって、それはモノの厳選を意味してはいても、モノの消去とイコールではない。ミニマリストしぶ（澁谷直人）が、ミニマリズムの本質を「ある一点を目立たせるために他をそぎ落とす「強調」」に、design の語源を de（削る）+ sign（示す）に求めるとき、モノを際立たせるためにこそ捨てる姿勢が評価されている（ミニマリストしぶ 二〇二一：一六頁）。『滅私』ではことごとくデータ化され、それ故に紙媒体としての異物性を強調することにもなった写真は、近藤の助言によれば、感情を刺激し代えがきかないため片づけビギナーにとっては最後に残しておくべき難物で、アルバムから取り出して真に必要なものかどうか一枚一枚手に取って吟味せねばならない。スキャンの技術で代替もされないのだ。

経済的自立と早期退職

ここにぜひ付け加えたいのは、モノと心のコントロールにひいでたミニマリズムの姿勢が、今日、ＦＩＲＥという長期的な人生設計のコントロールにまで引き延ばされた運動へと結ばれるということだ。ＦＩＲＥとはFinancial Independence Retire Early の頭文字をとった略語で経済的自立と早期退職を意味する。二〇一〇年代にアメリカで大きな注目を浴び、日本にも次第に伝播していったライフスタイル運動である。彼らは定年を迎えるまえに貯蓄と投資を通じた経済的基盤を整え、賃労働をやめても悠々自適がつづく状態を目指している。一年間の生活費は総金融資産の四％にとどめておくべしという四％ルールはなかでも有名な主張だ。日本では億単位の資産を築いた投資家、ＦＩＲＥ達成者を「億り人」という俗語で呼んでいる。二〇〇八年公開の映画『おくりびと』のもじりから命名されており、映画が彼岸に旅立った死者納棺の儀式を執り行う業者の悪戦苦闘を描いたのを考えれば、億られ人（経済の彼岸へ旅立った者）とするのが至当のようにもみえるが、相変わらず此岸で賛同者を集めているのはやや皮肉めいている。

一九九一年にベストセラーになり運動の基調をつくった著作、ヴィッキー・ロビン＆ジョー・ドミンゲス『お金か人生か』（ロビン＆ドミンゲス 二〇二一）は、自分が所有している「お金」とは「生命エネルギー」が置換された姿だと捉え、まずその収支を一セント単位で把握することを命じている。仕事をしてカネを稼いでいる状態とは、有限な生命エネルギーを差し出して貨幣に交換するのと同義である。が、同じ生命エネルギーを使って人間はより創造的な仕事や社会貢献に従事することができる。たとえば、40歳男性には約三五万六五〇〇時間に相当する生命エネルギーが残されているが、その半分を睡眠、食事、排泄、風呂などの生命維持活動に使うとすれば、あとは一七万八〇〇〇時間しか残されていない。なのに本当に賃労働だけしていていいのだろうか。しかも、生命エネルギーの使用量は単純な時給換算では算出されない。同じ九時五時の仕事だったとしても、業務内容や上司や同僚との性格的不一致、面倒な通勤によって頻繁に怒りやストレスを感じるとすれば、かかるエネルギーはそうでない場合に比べて数倍に相当するし、これを解消するために娯楽や嗜好品に逃げ込むのならば、いっそうの時間と貨幣を無駄にしてしまう。これでは表面的には高給とりのようにみえたとしても、実際のエネルギーの換算では非合理極まりない効率に堕してしまっている。FIREはその実質時給を見直し、できる限り小さい支出での生活スタイルを確立した上で、安定した資産運用で不労実現を目指すのだ。同じくFIRE文献でよく名が挙がるフィスカーは、経済行動の自由度に関して働き手をサラリーマン、ワーキングマン、ビジネスマン、ルネサンスマンの四つに分類し、FIRE実践者は専門性に閉じこもらずあらゆる技芸にひいでたルネサンス的理想を体現しているという(フィスカー 二〇一〇)。フィスカーはプラトンの有名な洞窟の寓話を引きながら、FIRE実践者を太陽を直視した勇者に喩える。

生活コストの緻密な計算とその最小化の教えはFIREを冠するほぼすべての著作に認められる。家計簿は手放せない。コストが小さければちいさいほどより若い齢での早期退職が叶うからだ。資本主義の権化のようにもみえる彼らは、しかしだからこそ派手な消費活動に耽溺しない。高級住宅、高級車、海外旅行など金持ちに関する凡庸な夢は禁欲される、というよりも計算のなかで欲そのものがしぼんでいき欲望の最適化が行われる。貨幣の支配に人生を奪われない、資本主義から自由になるためにこそ、安定した金融と欲望の計画が練られているのだ。

このようにみたとき、ミニマリズムからＦＩＲＥへと至る一連の脈略は、ＢＩ論で浮上していたシャドウ・ワーク、支払われない労働、再生産活動に対する不当評価を正面から受け止め、改めようとする思想運動として解釈できる。運動の実践者や著作家に女性が多いこともおそらく無縁ではない。そこでは、まともな仕事（賃労働）をいかにこなすかはまるで問題にならず、私的領域での家事や生活に理想実現の舞台が認められる。ＢＩ導入を訴えた東浩紀が構想していた、思想信条の場所としての私的なものはここで大きく花開いている。

ただし、家事に対する根本的な姿勢が合理化の精神に貫かれていることは留意すべきだろう。これと衝突してしまうのが、かつて私的領域で決定的な重みを与えられていた子供の存在である。たとえば、ＦＩＲＥ達成を目指す青年たちを描いた砂川文次の小説『99のブループリント』では、真っ先に「子供」を「切る」こと、産まない・育てないの選択を議論している（砂川 二〇二二：一五頁）。『滅私』でも子供（生殖）に関する過去が主人公のミニマリズムに暗い影を落とすわけだが、子供を端からつくらなければ養育費や学費のぶんを稼がなくてすむ。断っておけばＦＩＲＥ指南書では、子供をもった場合のモデルもたびたび紹介される。もつなと教えているわけではない。たとえば、シェン＆リャンは住居費を抑えるための移動生活を勧めるが、子供を学校に通わせるのではなくワールドスクーリングと呼ばれる各家庭での代替的な教育法を導入することで節約生活が続行できると説いている（シェン＆リャン 二〇二〇）。ただ、そもそもたない、もちたくないのならば計画はよりスムースに、より盤石に進んでいくに違いない。デイヴィッド・ベネターによる反出生主義――生まれてくることの不利益や危険を考えれば出生は倫理的に正当化しえない――への注目もつい重ねたくなるところだが（ベネター 二〇一七）、ここにおいて、最も必要なものは潤沢な資金と堅実な投資テクニック以上に、適切なサイズに縮減された欲望なのである。

6　おわりに――来たるべき丼勘定

復活の規範性・当為性と見放された国家

ベーシック・インカム、相互扶助の本能、豊かな人間関係、コミュニケーション能力、オブジェ・ノマド、投資能力、計算された欲望。ここまで、最も必要なものだけの人生の変遷を論じてきて、次のことに気づく。すなわち、当世アナキズムで軽視されてきた規範性・当為性の次元がミニマリズムやＦＩＲＥで甦っているということだ。

彼らは自分の実生活を徹頭徹尾コントロール可能性のなかで捉え、その最小化を目指している。その背後には、あるべき生活像や早期退職といった、いまは実現していないけれども絶対に目指すべき理想が一つの方針となって活きている。すでにあるもので満足するのではなく、いまだないものに希望がある。ただし同時に、その規範なり当為なりの適用範囲が国家や社会ではなく個人生活の、特に経済活動に局限されている点に改めて目を見張らざるを得ない。ＢＩ論で議論されていた最も必要なものとは、政府が国民の生存を約束できる給付額とはどのあたりに線が引かれるのか、四万なのか七万なのか一二万なのか、であった。対して、ＦＩＲＥ志願者にとって政府はまったく信頼に足らず、眼中にない。四万であれ七万であれ一二万であれ、それを貯蓄と投資のなかから調達せねばならないと自覚される。市場のほうがまだ安定しているとみなされている。

当世アナキストにとって政府の不信用を共有するとはいえＦＩＲＥ志願者が類友のように扱われるのは遺憾であるに違いない。実際、その感想は正しい。彼らは多くの場合、個人主義を超えた相互扶助を志向し、規範的主張の空転から翻って「地べた」のリアルに立脚するからだ。ただし、坂口恭平のように、経済なるものを貨幣の循環にだけつづめるのではなくより広い人の物質的・精神的な交流として解するのならば、彼らはときにノマドが目指しているような社会関係資本の富者として現れもするだろう。相互扶助が属人的であれ、そうでないものであれ、社会関係資本の有無や強弱と無関係でいられるとはとうてい思えない。アナキストの多くは資本主義を撃つべき敵とみなす。資本主義の支配は、国家の支配と同等の、ときにそれ以上の専制をしくからだ。しかし、その代替として貨幣経済ならざる別様の経済の相を認めた瞬間、今日におけるコミュニケーション能力がそうであるように、別種の経済を通じた資本主義的勝利という裏技《チート》に意図せず接近してしまうだろう。経済の柔軟な捉え方は、反資本主義運動にとって諸刃の剣なのである。

買い物上手の側に立った上で

強権的な国家への無関心でもって、また資本主義との高い親和性でもって、ミニマリズムやＦＩＲＥを難詰しようとする道を本章は採らない。最も必要なものだけの人生の変遷から眺めてみたとき、それら思潮は政治や一人前の仕事の優位のなかに隠されてきた私的なものの名誉回復の晴れ舞台であった。そして、どんな英雄も実際のところ私的なものなしには自身の生をまっとうすることなどできないのだ。スーパーの惣菜コーナーで手に入れた半額シールつきのトンカツを買ってきて、自宅で自慢のカツ丼をつくったときの満足、単に美味であるだけでなく、賢い買い物ができた自分を自分で褒めてあげたくなるような小さな自信を本章は高く評価する。

その上で、それで終わりではないのだと付け加えたい。どれほど経済が多元化しようとも、希少性という財の定義上、争奪戦と無縁でいられるはずはなく、結果、持たざる者、貧しき者たちが必ずでてくる。勿論、別種の経済で彼らは救われるのかもしれない。ただ、ということはつまり、ある経済の相においては富者であるのに別の相においては貧者である――たとえば、お金持ちなのに友達が少ない――交差性が、事態をより複雑にさせていく未来も予告している。ある相での富が別の相での貧しさに対する口止め料となったり、複数の貧しさが足し算ではなく累乗的に働き他人から理解されにくい苦境を生むかもしれない。経済の多元化は、個々人にとって敗者復活戦であり得ると同時に、チェックすべきパラメータ的要素の増加でもある。人間関係のネットワークが可視化されなければ、わざわざそれを財と捉えようとする意識は芽生えないが、いったんフォロワーというかたちで可視化（数値化）されれば、他との比較のなかでその数字の少なさには特有の懊悩が生まれ得る。苦しみなどいくらでも創設できるのである。

私生活に対するコントロール可能性は、現在の調子でいけば拡大の一途をたどり、すべての経済において決して負けるなという命令を個々人に下すだろう。命令それ自体がストレスフルであり、負ける前に匙を投げて自信喪失に苦しむ意気地なしを大量に生み出しながら。悲観的にもうつるこの傾向は、しかし、徹底の道を往くことで別の局面が切り拓かれると考える。コントロールの対象が無際限に広がっていくとき、どこかで注意力の限界が訪れる。人間の身体がテキトーである限り、この限界は必ずやってくる。細分化されたみすぼらしい理想の諸要求に対して面倒くささが勝つ。そして計算が杜撰になり、丼勘定になる。強調したいのは、諸要求に囲まれキャパオーバーしてしまった注意力の成れの果てが、コントロールへの意欲をしぼませるのではなく、細密なコントロールからもっと粗いコントロールに交代するだろうという予測である。計算をやめるのではなく、計算が投げやりになる。大体になる。

丼勘定とは、江戸時代、職人連中のつけていた腹掛けのポケット部分（どんぶり）を財布がわりに使っていた慣習に由来し、帳簿をつけずに大雑把にカネを出し入れする慣用句となった。公的な場での丼勘定は賄賂や利権の温床となるが、コントロール可能性に憑かれた私的なものにとっては、規範性・当為性のもつ現状否定の力を手放さないままその強迫観念から解放される自然の減速機となる。

勘定する側される側

来たるべき丼勘定を、二つの視点、勘定する側と勘定される側から考えることができる。

勘定する側。どのような人物と厚い信頼関係を築いていくべきか。どんな企業に投資したらいいのか。自分が本当に欲しているものとはなにか。これら自問がシビアに設定されればされるほど、どこかでほころんで丼勘定が現れる。出世や仕事に結びつかなそうだけど楽しいからこの人と一緒にいたい。創業者の郷里が自分と同じらしいからご縁ということで少額積んでみる。しなければいけないわけではないが、やってみたいからやってみる。そのとき、経済的優位をめぐる多元的なゲームのなかにゲームにとって不合理な奢侈の契機が沁み出ている。無駄遣いしようとする気もなく、ミクロな蕩尽が侵入している。それは結果的に俗化されたノブレス・オブリージュ、または多くのアナキストたちが説いてきた、人のために役立ちたいという本能的にもみえる欲望の充足へと向かうだろう。どれほど利己的に、功利的に振る舞おうとも、自らの満足のためには他者もまた幸福でなければならないという社会的動物の背理にぶつかるとき、戴冠した私的なものはまた新たな旅のゆくえを見出さなければならない。

勘定される側。丼勘定のなかで生み出されたミクロ蕩尽は、それを受け取る側にとってはミクロ贈与である。等価交換で進んでいたはずの無味乾燥な契約のなかに、なぜか思いも寄らなかったような好意や親切のようなものが現れる。しかも、必ず現れる。どうして自分なんかに？　その確言は、細密すぎるコントロール可能性の要求に身体がついてこれず、どこかで面倒になってしまうという一事によって約束されている。平たくいうとこうだ。生きていればいいことがあるし、楽しいこともある。仮にいい人がいなかったとしても、それでもいいことが起ってしまう。丼勘定とは善意を用いない善の発生である。だから、なにはともあれ死ぬのは避け、なんであれやってみることに臆病になってはいけない。勝負の場には残り続けるべきだ。

かくして、最も必要なものだけの人生は、必要の輪郭を見極めんとする偏執の果てに、生と善の分割に失敗し、さりとて隙間ない合一をなすのでもなく、生のなかにまばらに散らばった善のかけらを水面に映った陽光のきらめきのように眺めよと諭すのだ。本章はそれをそう悪いものではないと評価する。

＊　＊　＊

【読書ガイド】

・スキデルスキー、ロバート&スキデルスキー、エドワード『じゅうぶん豊かで、貧しい社会――理念なき資本主義の末路』村井章子訳、ちくま学芸文庫、二〇二二年〔解題〕人類は十分に豊かになり、もうこれ以上経済成長するべきではない。足るを知れ。経済学者が眉を顰めるようなこの提言に同意するかどうかは別にして、アリストテレス由来の「よい暮らし」のモデルが現代共通の課題になっている。正義論への遠慮のすえに善を各人各様と見限ってしまう軟弱を戒め、多少押しつけがましくても人が歩むべき道を本書が提示するとき、我々はどんな反論をぶつけるべきだろうか。ベーシック・インカム肯定論でもある。

・中村美帆『文化的に生きる権利――文化政策からみた憲法二十五条の可能性』春風社、二〇二一年〔解題〕日本国憲法は「健康で文化的な最低限度の生活を営む権利」を約束している。それにしても、最低限度だというのに文化的とはこれいかに。衣食住のほかに本は読んでいいのか、映画館や音楽祭、友との交際は？憲法に取り入れられた生存権の発案者、森戸辰男や鈴木義男の議論を復元しながら、生存の約束がすでに文化の権利をふくんでいると著者は説く。森戸は戦前、クロポトキンの紹介論文を書いたことで大学を追われた人物だったことを思い出しながら読むべし。

・森本厚吉『生存より生活へ』文化生活研究会出版部、一九二一年〔解題〕有島武郎の親友だった森本は、社会主義への共感を胸にアメリカ留学から帰国した友とは対照的に、経済学の博士号とプラグマティズムの発想を土産に「文化生活」運動に着手した。生きるか死ぬかに汲々とする「生存」からより合理化され文化的に洗練された「生活」へ。お手製の消費経済学と中流階級論に込められた私的なものを擁護せんとする壮大な計画は、出版事業にとどまらず共同アパートメントの建設や女学校の創設にまで進んだ。沢庵漬亡国論には爆笑。

第2章 ケアする人の／へのケアの倫理
――平等から共生へ

「私の生活はケア労働によって圧迫されている」と思うことがある。平日は親として、大学教員としてのケア労働に追われる。休日は平日以上に親としてのケア労働・ケア活動に従事することで、体力を消耗する。そのかたわらで、研究者としての仕事が徐々にたまっていく。私が担っているケアのなかには、義務感によって支えられているケア労働だけでなく、私が喜んで引き受けているケア労働・ケア活動もある。夫や義母によって、育児に関するケア労働は分配されてもいる。それでも私はケア労働によって生活が圧迫されていると思わずにはいられないし、そんな私が受け取るべきケアはまったく足りていないとも感じている。

そのような日々のなかで、私が抱いているのは、「すべてのケアを手放したい」というよりもむしろ「私だって十分にケアされたい」という気持ちである。そんな私にとって、米国のフェミニスト哲学者エヴァ・フェダー・キテイの主著『愛の労働あるいは依存とケアの正義論』（以下、『愛の労働』：原著一九九九年）[*1]から導き出される「ケアする人がケアされる社会」というキャッチフレーズは、とても魅力的な響きをもっている。

キテイの子ども時代、彼女の母親は、夫と娘のケアに忙しく、フルタイムで働いてきた日でさえ二人の世話を終えるまで自分の食事をはじめなかった。食事をはじめた母親は肩をすくめて笑いながら「私にだって、お母さんはいるんだけどね」と言った。キテイによれば、この温厚な言葉は、一種の自己主張、権利の要求である。「私たちはみんな――等しく――お母さんの子どもである」（キテイ 二〇二三：六五頁）ということは、母親である人にも母親業をしてくれる誰かがいる、あるいはかつていたということである。[*2] キテイの母親の言葉は、自らが母親業を担いながらも、自分も同じようなことをしてもらえる平等さを暗に主張しているのである。

それは私にも痛いほどよく分かる気持ちである。同時に、私自身が十分にケアされるなら、「なすべきケア」を本心から喜んで余裕をもって実践できるのではないかとも思う。今の私の生活状況は、「なすべきケア」に到達するためのポテンシャルを私から奪い去る。こうして私は、自己へのケアを含む、私が担いたいケアをあきらめることを強いられ、そして、あきらめていく。（自己犠牲と見な

＊1　『愛の労働』邦訳の訳語に関して、原文を参照の上、訳を一部変更しているところがある。表記の統一を含む単語レベルの修正には原語を添えており、細かい修正がされているところについては一言添えている。また、本章においては「disability」および「disorder」の訳語は「障害」に統一している。ただし、DSM-5-TRの訳語にならい、「Autism Spectrum Disorders」は「自閉スペクトラム症」と訳している。また、各文献や資料において「Autism」と表記されている語に関連する部分の訳は、一律して「自閉症」としている。

＊2　『愛の労働』においてキテイは、ほとんどの育児を母親がしてきた社会背景を考慮し、依存労働者の大半が女性であるという事実を無視した表現を使用することは現実を反映しない歪曲であると考え、あえてジェンダー化された語を使用している（キテイ 二〇二三：一六–一七頁）。

されても）譲れない、手放せないケアを除いて。以下の内容は、このような私の実感といくぶん接点をもつ見解によって書かれたものである。

本章は、〈社会的に排除されたり、無視されたりする人をケアする人〉がケアされる社会を実現することによって達成される〈共生〉について検討するものである。キテイによる、重度障害者とその依存のケアを担う依存労働者との議論を手がかりにすると同時に、キテイが論じるケアの倫理の規範からすれば過剰なケアを行っている（つまり、規範的な意味においてはまったくケアできていない）と見なされる人の声のなかに、〈共生〉からなるケアの世界を構想するにあたって見逃すべきではない知恵が内在している可能性があることを指摘したい。

第一に、キテイの議論を概観することで、依存者のケアを担う人たちが搾取されないためには、ケアする人へのケア（＝依存労働者へのケア）が機能する社会が必要とされることを確認する。依存労働はその労働が不可視化されてきたために、少なくとも現代の産業社会の経済構造において平等の枠外に存在しているだけでなく、その労働の特性上、厳しい道徳的自己が求められる。依存労働者の平等を実現するためにも、その道徳性に適うケアを行うためにも、ケアする人は第三者や社会的制度によってケアされなければならないのである。

第二に、キテイが提示したケアの倫理の構想を脅かす存在としての処遇困難な依存者、および、そのような依存者をケアし続けようとする人に光を当てることで、キテイによるケアの倫理学の規範性について批判的に検討する。障害を抱える息子によって殺害された母親のトルーディ・シュトイアナーゲルのケアに注目することで、キテイのケアの倫理が処遇困難な依存者を不可視化しており、それゆえにそのような依存者をケアしようとする場合、依存労働者はキテイの論じる意味でのケアをなし得ていない人として現われざるを得ないことを明らかにする。

キテイのケアの倫理ではネガティブなものとして現われてくる依存労働者たちの「ケア」のなかには、現行の社会では排除されることが正当化されてしまう依存者への愛の労働をめぐる知恵が潜んでいる。求められているのは、そのような可能性をもつ人たちの実践が、〈自分自身にとって、あるいは、外的に評価されたときに〉自己犠牲的なものとして現われないように、その人たちが第三者や社会的制度によってケアされる環境や体制が実現することである。このことが、過酷で困難な条件下における愛の労働を支えるのであり、ひいては、現行の社会では排除せざるを得ないとされてしまう人たちや、そのような人たちのケアを手放そうとしない人たちと〈共生〉するための世界を実現するのである。

1　依存労働者と平等

人間にとって不可避的な事実である依存（dependency）に着目し、依存者のケアを担う人たちの平等について論じたのがエヴァ・フェダー・キテイである。キテイが主著『愛の労働』において定義する依存とは、「自力で生きていくのに必須の、ある種の能力を欠く」（キテイ 二〇二三：九四頁）という最も極端で狭義な依存状態のことである。人間は、乳幼児や子ども期、高齢期や病気のとき、障害を抱えるときなど、必然的で不可避の依存を経験し、このような場合、相互にではなく一方的に依存する。あらゆる人間は生存のためのケアを必要とする依存者としての経験を持っており、いかなる瞬間においてもそのような依存者はどこかに存在する。したがって、誰かが必ずその人たちのケアを行わなければならない。

キテイは、「依存が不可避な人をケアする仕事」（同前：九頁）あるいは「依存者の世話をする仕事」（同前：七二頁）を依存労働（dependency work）、そして、依存労働を行う人を依存労働者（dependency worker）と呼んだ。キテイは依存労働を最も狭義な意味、すなわち、依存労働者にケアしてもらわなければ健康だけでなく命が危ぶまれるような被保護者（charge）への労働を指す語として使用しており、依存労働者と被保護者のあいだの関係を依存関係と呼ぶ。

伝統的な家族のなかで、権力が付随することになる稼ぎ手という労働役割を担う男性に対して、女性たちは依存者のケアを引き受け、「その労働は家族の義務として、他のどんな責任にも勝るものと考えられてきた」（同前：二一七頁）。家庭のなかでの育児や介護といった依存労働は無償で行われる。有償で行われる雇用労働・賃労働としての依存労働の場合も、その賃金および社会的な位置づけは低い。賃金報酬一般においても、ケア責任を免れている女性は男性の収入に近づいているものの、依存労働の責務を担ってきた女性の収入は総じて男性より低い。このように女性はケア責任を担うがゆえに依然として経済的弱者へととどめられている（同前：二九―三〇頁、岡野 二〇〇一：一八―一九頁）。加えて依存労働は、男女間のみならず、人種、階級、能力、年齢によって女性間でも不均衡かつ不平等に分配されてもきた（キテイ 二〇二三：四八頁）。依存労働を他者に押しつけることのできる特権的な人たちが、依存労働を隠蔽したような社会システムを構築した結果、依存労働者への搾取がまかり通ってきた。自立的な個人とは、不可避の依存への関心を排除したり、依存者の問題を他者に押しつけたりすることのできる特権をもった人たちが作り上げた虚構なのである(同前：五〇頁)。

キテイによれば、哲学・倫理学分野において、依存に言及されることや焦点が当てられることはほとんどなかった。依存はフェミニストたちによって論じられてはきたが、彼女たちが論じてきた依存は、抑圧的な条件下で押し付けられ、女性の自立を阻む社会構築的なものであり、〈そのような依存状態に置かれている人たちのケアに依存している人たち〉が有している不可避の依存について触れたものではなかったのである（キテイ 二〇一一a：六七‐七〇頁）。

自立的な個人という虚構性を維持するような平等論が目指す達成は、女性たち、中でも社会的に弱い立場にある女性たちの不平等な犠牲のうえになりたっていた。このような依存労働の再分配はもちろん考察されなければならないが、同時に、私たちの生きる社会には、いついかなるときも不可避の依存状態にある人が存在するため、誰かが必ずそのケアを担わなければならないという動かし得ぬ事実があることを認識しなければならない。したがってキテイは『愛の労働』において、たとえ「女性たちが、依存者たちのケアのほとんどを引き受け続けていてもなお、平等となる可能性」（キテイ 二〇一一b：一〇八頁）を導く必要を訴え、ケアの倫理の視点から依存労働のあり方について検討した。その可能性を導くものとして提唱されたのが、以下に論じていくドゥーリアの思想なのである。

2　キテイによるドゥーリアの思想

キテイによれば、「道徳的自己の特徴、関係性の非対称性、関係する者たちが公平無私ではありえないこと、そしてケア関係は必ずしも自発的なものではないことから、権利に基づく道徳や功利主義的道徳よりもケアの倫理のほうが、依存関係の道徳的要請に適している」（キテイ 二〇二三：一一三頁：訳を一部変更）。ケアの倫理は、発達心理学者であるキャロル・ギリガンに提唱されて以来、依存を肯定的に評価したり、人間の生の事実として位置づけたりしてきた。[*3] 「わたしたちはつねに関係性の網の目の中にあり、けっして完全に自立したり、自足的であったりするわけではなく、つねに依存と相互依存の関係を結んでいる」（キテイ 二〇一一a：四五頁）ことに、ケアの倫理は着目する。ケアの倫理は、「道徳的主体を本質的に関係的なもの」と見なし、その道徳的推論は、個別的な他者に「文脈依存的に応答」し、「偏りのない判断ではなく、ケア関係にあるものに重点を置いた判断を軸に沿える」（キテイ 二〇二三：一一三頁）。この倫理は、「自律的で自立した主体との相互行為」ではなく、不均衡な力関係を含みこむ、「ケア提供者とケアされる人がおかれた状況」（キテイ 二〇一一a：四七-四八頁）を捉えるのである。

ケアの倫理の視点から依存関係を捉えたとき、被保護者は、依存労働者のニーズをケアすることが実質的にできず、その責務をもたないことがわかる。つまり、依存労働者は被保護者に対してニーズの応答を求める権利をもてないのである。もちろん、「当事者双方が過度に無力でない場合や、互いの障碍が異なっていてカバーし合える場合、あるいは時間を経て互酬性（reciprocity）が生じる場合」（キテイ　二〇二三：七四頁）、相互的な依存は可能である。しかし、少なくとも被保護者はその時点で依存労働者にお返しはできないし、重度の障害を抱える被保護者は、生涯にわたって一方的に依存することしかできない。他方、「もし個人がそれぞれ別々に生きているのではなく、つながりのなかで生きているということから始めるなら、個々人がもつ平等への要求は、つながりを通じて読み解くことができる」（同前：一三二頁）。すべての人びとがケア関係を結んでいると考えるならば、「依存労働者は被保護者（charge）と互酬関係にあるのではなく、自身が被保護者を支えているのと同じように、彼女を支えている関係に権利がある」ということが導き出される。このように「つながりにもとづく平等は入れ子状態になった一連の互酬的な関係と義務を生み出す」（同前：一三六頁）のである。

キテイはこのような思考から、ケアの倫理を公的領域に取り入れる方法としてドゥーリア（doulia）を提唱した。ドゥーリアの発想は、産後の女性をサポートするドゥーラ（doula）からきている。産後の女性は心身共に弱っているにもかかわらず、不可避の依存状態にあり一方的に依存してくる新生児をケアしなければならない。この状態において、多大な労力をともなう新生児のケアに母親が専心できるようにサポートするのがドゥーラである。

キテイの提唱するドゥーリアは、ドゥーラによってもたらされる依存労働者をケアするあり方が、

＊3　ただし、キテイの論じる「依存（dependency）」と異なり、ギリガンが論じる「相互依存（interdependence）」は、心理的な支え合いを意味するような依存である。

各種制度に取り入れられるためのモデル、すなわち、公的領域にケアの倫理を取り入れるための方法を描いている[*4]。先に確認したように、少なくとも現代の産業社会の経済構造において、依存労働者が経済的に劣位にならざるを得ないような社会制度が是認されてきた。したがって、ドゥーリアという発想が福祉として成立し、それが依存者をケアする責任を担うことで、経済的依存が招く二次的依存／派生的依存（依存労働者による稼ぎ手への依存）に陥る人びとへのケアや経済的保証を要求する。たとえば、賃労働者が依存労働者でもあるとき、そのケアに対する割増賃金、手当、休暇、サービスを要求できる制度の構築が考えられる（同前：二一五頁）。子どもが病気になった一人親が三ヶ月休暇を取らなければならない場合、その家族に経済的危機が訪れるだろうことを考えれば、育児介護休暇が無給であることが問題として立ち上がってくる（同前：二五七－二五八頁）。障害をもった依存者の依存労働者には、経済的支援だけでなく、ケアの補佐、カウンセリング、医学的・教育的支援などのケアも求められる（同前：三二八頁）。

このように、ケアする人へのケアが国家による社会福祉として実施され、納税者から集めた税金が依存労働者を保証する社会プログラムのために使用・分配されることで、経済的依存状態に陥りやすい依存労働者が搾取されることなく依存者をケアできるようになる。「責任というものが、依存者と依存労働者が属しているより大きな社会秩序のなかに波及することで、すべてが入れ子状態になった依存関係と責任の集合に包含されることになる」（Kittay 2001, p. 533）と、キテイは考えるのである。

キテイの思想を形づくったのは、娘セーシャに対する新生児育児の経験、そして、セーシャが重度知的障害および発達遅延であるがゆえに経験することになった愛の労働の経験である。産後のキテイが周囲のサポートによって新生児だったセーシャのケアに専念できたこと、そして、住み込み労働者であるペギーによるサポートを得ることによって、共働きであるにもかかわらず重度障害者のセーシャの依存を自宅でケアし続けることができたという経験が、ドゥーリアの発想には結びついている。しかし、特にこのような仕方でセーシャを自宅でケアし続けることが長らく可能となったのは、キテイらに住み込みの依存労働者を雇える財力があったことが大いに関係している。だからこそ、自身の家庭内で成立していたようなドゥーリアのあり方が社会制度として成立する必要があるとキテイは考えており、そのための資金源を税金に見いだし、それが依存労働者を支える仕方で分配されることを提案する。このように依存労働者を保証することで、依存者も適切なケアを享受することができると、キテイは考えるのである。

3　透明な自己

依存労働においてドゥーリアのあり方が求められる背景のひとつには、依存労働者には他の仕事では限度を超えるような厳しい道徳性が求められることがあるだろう。「ケアの担い手は一連の固定的

＊4　キティは、「政府が扶養者になればいったいどうなるか」という問題についても意識的ではあるが、扶養者が家族内でのように私的でもなく、個人的でもない場合には、依存労働者が政治的に団結することで扶養者に対処できる可能性があるとしている（キテイ 二〇二三：二七四頁）。ただし、この点はもっと慎重になるべきであろう。

な仕事をこなすのではなく、個人の全体としての安寧をはかるよう、取り組まなければならず、被保護者（charge）のニーズを確実に充たすために必要なことは何でもしなければならない」（キテイ 二〇二三：二四六頁）。このような依存労働を可能にする自己が、依存者に「自分の心を捧げる能力」（同前：二九二頁）のある自己としての「透明な自己（transparent self）」である。キテイによれば、「依存労働では、自己を他者の要求に順応させること」、つまり、「他者のニーズを満たすために自分自身のニーズを後回しにするか括弧にいれるような自己が求められる」（同前：一〇八-一〇九頁）。これに類する自己は、これまで「関係性のなかの自己（self-in-relationship）」、「境界の曖昧な自己（soluble self）」、「献身的な自己（giving self）」などと名指されてきたものでもあるが、キテイは依存労働においてのそれを透明な自己と名づけた。

透明な自己とは、「自己を通じて他者のニーズに気づき、自分自身のニーズを読み取ろうとするときに、まずは、他者のニーズを考えるような自己」（同前：一〇九頁）であり、「その性格抜きには、依存労働者が依存労働者たり得ないような究極的な理念」（同前：一一〇頁）である。キテイは、このような自己は極めて隷属的なもののようにも思われるため、透明な自己を評価することに反対するフェミニストもいるだろうことを指摘したうえで、「依存関係の中にある依存労働者の自己が道徳的に何を求められているのかを考えること」（同前：一〇九頁）に主眼を当てたとき、透明な自己の道徳性が必要にならざるを得ないことを強調する。

たとえば、乳幼児のように被保護者が絶対的に脆弱な場合、依存労働者が自己の透明性を濁らせて依存者のニーズよりも自分のニーズを優先すると、依存者の生存を脅かすようなニーズに気づかなかったり、無視してしまったりするかもしれない。乳幼児が、疲れ果てている依存労働者のニーズを無視して自身のニーズを主張することは、わがままでも、女性嫌悪でも、個人の権利の無視でもない。透明な自己が望ましいものであるかどうかに関係なく、依存労働を行うにあたって、自己を透明にして自己のニーズを後回しにすべきということは、義務以上のことをする利他主義に還元できるようなことではなく、あらゆる社会において依存労働者に「そのような道徳的自己を身につけるよう期待せねばならない」（同前：一一〇頁）必須のものなのである。

4　ケア倫理学の原理

キテイは「ケア提供者に問われるべき第一の問いとは、良いケアとはなにか」（キテイ 二〇一一b：五〇頁）であると述べており、ケアの倫理のような文脈依存的なものを道徳的判断の基礎として受け入れるためにはどのような規範的基盤に立てばよいかを問うてきた（キテイ 二〇二三：一一三頁）。キテイは著書『娘から学んだこと』（原題：*Learning from My Daughter*：二〇一九年刊行）にて、ケアの倫理学（care ethics）の概念を特徴づける統制的諸理念（regulative ideals）を提供する定義と原理を以下のようにまとめている。

定義1：ケアリングの実践の終局／目的（*telos*）は、ケアのニーズがある人びとの開花繁栄（the flourishing）[*5]である。

定義2：ケアのニーズがある人びととは、ケアが与えられなければ危害が加わることになるだろう。
原理1：ケアの統制的諸理念は、ケアを必要としている人の手助けをすることによって、

A：真のニーズに適ったケアを提供することである（そのニーズは客観および主観双方の根本原理をもっている）。

B：正当な欲求に適ったケアを提供することである（その欲求は――ケアする人を含む――他の人が必要としているだろうケアを受け取る可能性を妨げることなしに満足させられ得るものである）。

原理2：ケアのニーズがある人びとの開花繁栄は、ケアされる人によって（暗黙のうちあるいは明白に）支持されたものとしての開花繁栄でなければならない。（Kittay 2018a; 2019, p. 139）

原理2の補足説明からもわかるように、この定義と原理は、セーシャのような先天的かつ生涯にわたる重度障害を抱えており、自らのニーズを明白な仕方で表明することが困難である人びとも考慮したものである。たとえどのような障害があったとしても、たとえ生涯にわたって依存状態から抜け出した状態になることがなかったとしても、その人たちが〈ただ生存するだけで価値があるのだと主張するようなケア〉に留まらない、各々に適した形で〈ひとりの人間としての生の開花繁栄が目指されるようなケア〉を提供することを理念として掲げている。

このようなケアをセーシャのような重度認知障害者に提供するためには、セーシャのような依存者たちに人格（person）[*6]を当たり前のように見出せるということが絶対条件になる。共働きであり続け

てきたキテイは、自らが母親としてセーシャに行っている愛の労働を他者に分配するにあたって、セーシャに「自分の心を捧げる能力」（キテイ 二〇二三：一九二頁）を提供でき、セーシャに通り一

＊5 キテイが自分自身の理論を既存の哲学・倫理学理論との関連で論じ、同分野へ新たな視座を提示しようとしていることを、本章で参照している各著書および論文から読み取ることができる。後述する「過剰なケア」と「ケアの不足」をめぐるケアの中庸の議論はもちろん、ここでの終局／目的（telos）や開花繁栄（the flourishing）は徳倫理学を意識した語であると思われる。

＊6 キテイは『愛の労働』以降、認知障害と正義の研究を行うようになったが、そのきっかけには種差別（動物の権利論）について論じてきたピーター・シンガーやジェフ・マクマーハンらによる認知障害のある人は人格ではないとする議論があったと述べている。彼らが論じる人格とは、ロックの定義に由来する記憶や認知能力の強調を基本にするもので、「自己意識をもち、自らの生の物語を想像し、人間の芸術や達成物の素晴らしさを評価でき、関係性を育み、実践理性を行使することができる」というものである。彼らは、そのような人格が属する第一階層、ただ感じることしかできない生き物を第二階層に分けて、それぞれのための道徳を論じる「二階層の道徳理論」を創造することで、人類を特権的に扱う種差別の問題を捉えなおし、人類ではなく人格性に道徳的地位を与えるべきであるとした。しかし、この理論では、セーシャのような人たちは第二階層に属する存在になり、たとえば、自らの死を予期できないような第二階層に属する人間を殺害することが、第一階層に属するものを殺害することよりも免責させるべきこととなる。キテイは、「人間ではない動物の権利を主張するために、なぜ、ある人たちを蔑むようなことをしないといけないのか」と、この理論を批判している（キテイ 二〇一一b：一〇八–一一三頁）。キテイは『娘から学んだこと』と二部作になる予定にあり、執筆中の著書『真に人間なのは誰か——正義・人格性・知的障害（仮）』（原題：*Who is Truly Human?: Justice, Personhood, and Mental Disability*）にて、知的障害者たちが人間ではないものとして扱われてきた歴史を振り返ると共に、前述のような認知障害をもつ人びとの人格性および人間としての尊厳や権利を否定する思想や社会への異議申し立てを論じる予定にある（Kittay 2019, pp. 17–24）。

遍の保護的な「ケア」のみを行う依存労働者ではなく、セーシャに人格を見いだし、セーシャの欲求に踏み込み、潜在能力を呼び起こし、セーシャの愛情に応答し、セーシャに対して愛を返すような愛の労働者を探した（同前：二九二頁）。そうして出会ったのが、セーシャを二〇年以上介護することになるペギーだったのである。キテイがペギーに見出したケア能力とその実践は、先述の定義と原理を満たしているものであった。

また、ここで確認しておきたいことは、これらの定義と原理が、依存労働者たちに生じるケアのニーズをも視野に入れているものとして読めることである。キテイが主著『愛の労働』において定義する依存とは、「自力で生きていくのに必須の、ある種の能力を欠く」（キテイ 二〇二三：九四頁）という最も極端で狭義な依存状態のことであった。しかし、後の研究においてキテイは、依存および依存者をつねに最も狭義な意味に固定しているわけではない。このことは『娘から学んだこと』において、「娘のセーシャが完全な依存者であり、私は大人になってからずっと学問の世界で働いてきたので、私のパートナーと私も依存者である」（Kittay 2019, p. 157）と記述していることからも明らかである。キテイが依存者に提供すべきケアを実現するために、その営みにおいてケアされるべき人として浮上することになる依存労働者の権利が守られる必要を視野に入れつつ、議論を深めてきたことがわかるだろう。

5　過剰なケアと自己犠牲

キテイは、過剰なケアを行うこと、つまり、ケアしすぎること（caring too much）はまったくケアができていないことであり、不徳であると主張する（Kittay 2018a）。私たちはヘリコプターペアレントによる行いを「ケアしすぎる（too much）」と言うことや、冷淡だったり、ネグレクト的であったり、虐待的であったりするような行いを「ケアしなさすぎる（too little）」と言うことができる。しかし、ケアという概念が完全に規範的な意味で使われているとき、「正義的すぎる（too just）」という言葉が意味をなさないように、「ケアしすぎる」という言葉も意味をなさなくなる。

正義のような徳は、二つの悪徳（超過と不足）の中庸であるが、ケアもまた二つの極地（過保護とネグレクト）をもっており、その両極はいずれも悪徳である。ケアされていると思われる人が「ケア提供者はケアしすぎている」と言うとき、ケアされる人はそのケアから利益を得ていないと異議申し立てしているのであり、したがってそこにあるものはケアと呼ぶべきものではない。法律や原則を厳密すぎると批判したり、厳しすぎる正義の遂行に異論を唱えたりすることはできるが、正義が規範的な意味で問われる場合、そこではその正義の程度が問われるというよりも、その正義が規範に適うものであるかどうかが問われることになる。悪しき正義というものは、端的に正義ではないものなので あり、これと同様に、悪しきケアもケアではないものである（Kittay 2019, p. 170）。「ケアが完全に規範的な意味で使われているとき、ケアしすぎることは、まったくケアできていないことなのである」

（Kittay 2018a）。

また、キテイはケアの倫理によって発生し得る、危惧される状態のひとつとして「自己犠牲崇拝と関係性の破壊（the cult of self-sacrifice and the collapse of relationality）」（Kittay 2019, p. 181）をあげている。キテイはギリガンの指摘を引用しながら、[*7] ケアされる人のニーズが差し迫ったときに、ケアする人が、自分のニーズを脇におく必要に迫られることで派生し得る自己犠牲崇拝について注意を促す。そして、ケアの中心にあるつながりそのものを損なうものこそが自己犠牲崇拝であり、ケアの倫理は自己犠牲的になることから距離をおかなければならないと強調する。依存労働者たちには、ドゥーリア的ケアの必要を主張することによって自己犠牲的に生きることから自由になる権利があるため、その権利を社会は保証しなければならないとするのがキテイの主張である。依存者をケアする責務とそのケアに対する厳しい道徳性の要求は、「控えめで自己犠牲的な「女性的」美徳を黙認していることを意味しない」のであり、「依存労働では互酬性がいかに可能になるかを、再構成する必要がある」（キテイ 二〇二三：三三一頁）という主張と共にある要求なのである。

さらに、キテイは自己犠牲的ケアを批判する文脈において、「ケアする人が、自身がケアする相手との分離性を見失う」危険性について言及している。分離性の喪失は、ケアする人の自己犠牲的状態のみならず、ケアする人が自身の善をケアされる人に押しつけてしまう状態を作り上げることにもなり得る。だからこそ、「〔哲学的な用語としての大文字の〕ケアの倫理（an ETHICS OF CARE）[*8] は、ケア関係から生じる責任と、そのような関係性が生み出す欲望と関心の交差を強調しながらも、ケア提供者とケアされる人の両方の権利と個性に敏感である必要がある」（Kittay 2019, p. 181）。このように主張するキテイは、依存関係にある両者の相互的な重なりを認めつつも、両者が分離していない状態、つまり、自他未分化な状態になることは、ケアの倫理の実践に失敗している状態だと捉えているのである。*9

このように過剰なケアは、規範的な意味でのケアに値するものではなく、ケアの倫理が生み出しやすい状況としての自己犠牲や自他未分化性もケアと呼ぶにはふさわしくないとされるのである。

6 処遇困難な依存者の不可視化

キテイは、知的障害を抱える人たちの価値を貶めるような、認知能力を理想化する哲学者たちを批判してきた。そして、その文脈において、ケアの倫理は「すべてを包摂しようとする実際の語りやケ

*7 ギリガンは、①自己をケアすることに焦点が当たる利己性を有する前慣習的レベル、②他者をケアするために自己のケアを蔑ろにする自己犠牲性を有する慣習的レベル、③他者の影に潜んでいた自己のケアの重要性を再認識し、自己と他者の双方のケアを追究する脱慣習的レベルの三段階からなる発達理論を提唱し、慣習的レベルにおける「善を自己犠牲と同一視する」(ギリガン 二〇二二:二〇八頁) あり方を反省的にとらえることを促している。

*8 『娘から学んだこと』においてキテイは、より一般的な概念としてのケアの倫理を"an ethic of care"、哲学的な語としてのケアの倫理を"an ETHICS OF CARE"という表記で使い分けている (Kittay 2019, p. 137)。

*9 ケアの倫理における相互依存を重視しながらも分離性を強調する議論、すなわち、自他未分化性をともなう営みは、ケアと呼ぶにふさわしくないとする議論も、ギリガンがケアの倫理を発見したころからすでに見られた。詳しくは (小西 二〇一六) にて論じているので参照されたい。

アの実践に特に責任がある」（Kittay 2009, p. 122）ため、非 - 理想化理論という特徴をもっていると主張する。

しかし、キテイは抽象化を避ける限りでは理想論ではないが、一部の関係性を主流から排斥することで、人間の性質を理想化していると批判されている（Simplican 2015, p. 220）。たとえば、女性同士のハッテン場[*10]の調査から現れてくる視点から見れば、多くのケア論者たちが、個人の関係性を浄化し理想化することで規範的ケアを形成していることや、このような規範的ケアに当てはまらない非規範的なケアが存在していることがわかる（Cooper 2007）。また、共依存関係を結び、その関係にかけがえのなさを見出している人びとの視点から捉え返してみると、ケアの倫理は、人間関係の闇の側面を排除した道徳的理想のみから現実世界の関係性を語っており、心理的に依存し続ける成人や、そのような成人同士からなる依存関係を不可視化していることがわかる（小西 二〇一六）。キテイのケアの倫理における規範性に関する議論に内在するような倫理観は、共依存というあり方や関係性にかけがえのなさを見出している人びとの声を無効化しているのである（小西 二〇一七）。このように、ケアの倫理が規範や理想を形成する過程で、その規範の外に存在する生が不可視化されるようになる様が見て取れる。

なかでもキテイの規範理論の問題点をよりあからさまに浮かび上がらせるのが、処遇困難な依存者、つまり、障害をもつがゆえに他者に依存せずには生きられず、なおかつ、自傷他害を実際に行う人たちである。ステイシー・クリフォード・シンプリカンは、「キテイのケアの倫理は、障害のある依存者を、愛らしく、ヴァルネラブルで、無力な存在として理論化」（Simplican 2015, p. 222）しており、「障害をもつ依存者がヴァルネラブルかつ攻撃的（aggressive）であるかもしれない可能性を無視している」（ibid., p. 217）と批判した。このような記述は、愛すべきケアの経験のみを描写することでケアする人と依存者の毎日のもがき・奮闘を不明瞭にする（ibid., p. 220）。「攻撃性」をともなう依存者のケアに従事している人びとは、ヴァルネラビリティとしての依存のモデルに反して、複雑な依存（complex dependency）を経験していると、シンプリカンは主張するのである（ibid., p. 224）。

キテイの依存への関心は、ケアの倫理に対する知的な興味からだけではなく、重度の知的障害、発達遅延、脳性麻痺がある娘セーシャをケアした経験から生まれた。キテイはたしかに『愛の労働』において、セーシャが「とてもヴァルネラブル（vulnerable）な存在」（キテイ 二〇二三：二八三頁）であることや、「人間の持つあらゆる可能性と才能の中で一番大切な資質」である「愛と幸福の能力」（同前：二八六頁）をもっていること、そして、セーシャが依存労働者から愛を受け取ると同時に自身も愛を返せるということを強調している。そこには、障害のある人に対して他者が抱く嫌悪を軽減したいというキテイの思いがある。母親としての経験によって自分がセーシャを見る目が（他者一般のまなざしを基準とするならば）鈍っていることに自覚的であるキテイは、「私はセーシャを他者が見るようには見たくない。私は彼らに、私がセーシャを見ているように見てほしい」（同前：三一三頁）と語り、セーシャが「普通」と見なされることで、社会に受け入れられるのを求め続ける自身の要請をめぐる葛藤を継続的に検討している（同前／Kittay 2019, pp. 25–34）。キテイがセーシャのよ

＊10　男性同性愛者が出会いや性交渉の相手を求めて集まる場所のこと。

うな障害者たちを非人間と貶めるような人びとと戦ってきたことも考慮すれば、彼女がこのような仕方でセーシャを理想的に描くことは理解できることでもある。

しかし皮肉にも、障害者であるセーシャの人格を訴えてきた理論によって、ケアの実践においてしばしば現れてくるにもかかわらず、キテイの構想する世界に現れることができず、さらにはその構想を脅かす存在がいる。それは、自傷他害を実際に行う処遇困難性をもつ依存者である。[*11] シンプリカンによるなら、それは「攻撃性」をともなう依存者である。たとえキテイが理解可能な理由によって依存者を理想化したのだとしても、「私たちは、このような理想化された人格性の説明が、いかに不適合者を排除し、オルタナティブなケアの経験を覆い隠しているのかを問わねばならない」(Simplican 2015, p. 223) とシンプリカンは主張する。シンプリカンの弟は言語をもたない、「攻撃性」をともなう自閉症者であり、彼女自身が弟の暴力によって深刻な傷害を負わされそうになったこともある (ibid., p. 218)。もちろん、弟にも親切で、愛らしく、愛情深いときがある。しかし、そのことは彼が完全に無力な存在であることを意味しない。シンプリカンは、自閉症の子どもたちがときに抱える「攻撃性」は、両親をはじめとする家族や教師たちにとって深刻すぎる問題であると訴えるのである。

障害をもつ人と彼らの家族における虐待的な関係性は、ケアや障害学に関する諸文献にほとんど登場しない。ケアの倫理学者が具体的で特殊な経験にこだわっていることを考え、ケアの倫理学と障害学に関するエヴァ・フェダー・キテイの研究による影響を考慮するならば、このような不在はケア理論において特に問題となる。(中略) キテイが永続的なヴァルネラビリティを強調することによって、依存者がヴァルネラブルであると同時に攻撃的でもあるという可能性は閉め出されてしまう。この閉ざされた空間は、暴力の経験を沈黙させ、私たちが虐待に応答するための術を与えないままにしてしまうのだ。(Simplican 2015, p. 219)

このように考えたとき、従来のケアの倫理や障害学が、実際に自傷他害が起こりうる処遇困難な依存者の存在を不可視化したり脇にやったり変形させたりすることによってこそ成立している側面がある可能性が浮かびあがってくるのである。

7 トルーディ事件

シンプリカンによる問題提起の背景には、彼女自身の弟との経験に加え、彼女がかつて研究室を訪

*11 私はこれまで、シンプリカン、トルーディ・シュトイアナーゲル、キティ、『プレーン・ディーラー』紙に準じて、一部の自閉症者に見られるとされる特徴を、「攻撃的(aggressive)」ないし「攻撃性(aggression)」という表現を使用して論じてきた。トルーディとスカイのあいだに生じたような暴力問題を矮小化することはできない。しかし、攻撃性を(たとえ「一部の」という限定がついたとしても)障害者の特性として本質的に論じることは、暴力問題の原因を障害者のみに押しつけ、障害者に対する差別やスティグマを再生産する危険性を大いに有している。そこで本章では、暴力が「関係」において生じてくることであるという意味を強調するために、「攻撃性」という語に代わって「処遇困難性」という言葉を使用する。ただし、参照した文献が「攻撃性」という語を使用している箇所は、原文にならった表記にしている。

問したアメリカのケント州立大学教授トルーディ・シュトイアナーゲルが、自閉症の息子であるスカイ・アボット・ウォーカーによって殺害された事件（以下、トルーディ事件）があった。

現在、たとえば日本における精神障害者の社会的包摂をめぐる研究や実践では、入院の必要がない精神障害者たち、さらに言えば、精神障害でもない人たちが、精神病院に長期入院させられてきたということが社会問題として取り上げられ、脱精神病院化や地域移行支援の必要性が唱えられている。この文脈において、その取り組みの実現困難性やその要因がさまざまに検討されているが、このような課題の検討以前に、そこで支援の対象となっているのは、入院の必要がありつつも「不当」だと評価される理由によって入院させられてきた患者であることが圧倒的多数であろう。さらに、精神障害者の長期入院の背景には、家族が障害者のケア責任を押しつけられてきたという状況があり、そのケア責任の分配や脱家族化の必要性が訴えられている。[*12]

しかしながら、施設や病院に収容されてきた人たちのなかには、自傷他害傾向にあるという意味での処遇困難性をもつ患者も少なからず存在する。そのような人は、家族のケアからも積極的に切り離し、施設に収容することが求められてきた圧倒的な傾向性がある。この場合、家族はケアする責任ではなく、ケアしない責任を強いられることになる。処遇困難な依存者が収容の対象になるのは、家族だけでなく、地域をはじめとする公的領域の秩序・安全な暮らしを守るという目的があると考えられる。[*13]

他方、このような実情とは裏腹に、実際に他害行為を繰り返しているような処遇困難な家族メンバーのケア責任を自ら進んでまっとうしようとする人が事実として存在する。処遇困難な依存者に対し、「自らの人生（時に生命）を犠牲にするほどにケアすることを望み……施設に入れることを拒絶する者は、自らの安全確保を放棄しており、自己犠牲を伴う過剰なケアを行う者として問題視され得るだろう」（小西 二〇一九：二四頁）。そして、このような依存労働者は通常、何らかの手段や説得を通じて依存者と分離されることになる。しかし、その切り離しに抵抗し続ける形で、処遇困難な依

＊12　精神障害者の入院のタイプは、①社会防衛型（自傷他害傾向のある患者に対する公安的な機能から行われる入院）、②治療型（患者の治療および症状回復を主な機能とする入院）、③社会福祉型（患者および世帯に対する社会福祉（＝救貧・防貧・扶助）的機能を主にもつ）に分類できる（後藤 二〇一九：六－七頁）。これまで多くの歴史研究によって、日本の大規模精神病床数と長期入院の背景にある理由は社会防衛型の機能が最大のものであるとされてきたが、実のところ「最大の供給源であったのは社会福祉型の機能」（同前：一七六頁）であることが実証された。「家族に世帯内の精神障害者のケアを強く課す〔日本〕社会において、患者の長期入院が家族にとっての救済となる側面」（同前：一八一頁）があるのだ。

＊13　イタリア精神保険改革の中心的であり、イタリアの精神病院の解体に貢献したことで著名な精神科医フランコ・バザーリアの功績はあまりにも有名である。ただし、男性入院患者が外泊して妻のもとに戻った際に夫婦げんかの末、斧で妻を殴り殺したという事件が起きた際、「鉄格子や鉄の扉の奥に押し込めることを正当化するような精神状態など、本来ないのだ。精神病者の、ときおりの暴力は、結果である。施設の中での抑圧で引き起こされた人間としての反応である。つまり、それは精神病院が引き起こす病気。精神病院などやめて人間的存在たりうる温かい状況におくことができれば、精神病者の暴力などなくなるのだ」（大熊 二〇〇九：三七頁）と応えたことは気がかりである。これは大まかにはその通りのことであるかもしれないが、本章が注目するような処遇困難な依存者のことを考慮したときには慎重な発言が求められるべきところだろう。精神病院が解体された後に、処遇困難性をともなう人たちがどのような対応下に置かれることになったのかについては、今後確認したいと考えている。

存者に対して、他者から自己犠牲的であり過剰だと評価され得る形によって、その「ケア」をまっとうしたのが、トルーディなのである。[*14]

二〇〇九年一月二九日、シングルマザーのトルーディ（享年六〇）は、自閉症を抱える息子のスカイ（当時一八歳）に自宅で暴行され、瀕死の状態で発見された。トルーディは八日後に亡くなった。トルーディは大学教授で、自閉症についての公共政策を分析していた。繰り返されるスカイの暴力によって命の危険を感じながらも、スカイを施設に預けることを拒絶し続け、ついには殺害されてしまったのである。

二〇〇九年一二月六日にこの事件の詳細が、アメリカのオハイオ州の新聞『プレーン・ディーラー』に掲載された。同紙によれば、スカイの「攻撃性」は、四歳のころから指摘されており、彼が一三歳になる二〇〇三年頃には学校で相当に問題視されるほどのものになっていた。そんなころ、トルーディの親密な友達の一人であるアイリーン・バーネットは、スカイが母親を傷つけていることに気がついた。しかし、トルーディはアイリーンにそのことを口外することを禁じた。

トルーディは、いつの日かよい薬の組み合わせが発見され、スカイのホルモンの急上昇が抑制され、攻撃性がおさまるのだと信じていました。（中略）彼女はスカイをどの施設にも入れたくなかったのです。彼女は施設には多くの虐待があり、スカイは言葉を持たないために簡単に被害者になってしまうと言っていました。（Connors 2009）

元夫のスコット・ウォーカーも、トルーディにスカイを居住施設に入れることを強く勧めていたが、トルーディがその提案を聞き入れることはなかった。
二〇〇八年三月、トルーディは、スカイの暴力が深刻化したため、ケント州立大学の学生新聞『ケント・ステイター』にエッセイを掲載した。

ここ数年のスカイとの生活は私たち二人にとってとても孤立したものでした。（中略）スカイが学校にいるわずかな時間のなかで、授業で教えたり、家庭を切り盛りしたり、すべてを調整したりしようとすることで、私の生活は圧迫されています。悪い日には、この数時間が、数分になり得るのです。私は身体的にも感情的にも誰ともいっしょにいないので、誰とも友達になれませんでした。私は自分たちがどれほど忙しいかと言ってくる善良でまともな同僚たちに我慢なりませんでした。忙しい？　クローゼットのドアに背を向けてそのなかに座って夕方を過ごしてみなさいよ、あなたの子どもがドアを蹴り破ろうとしているあいだ、そのドアが開かないように押さえてみてごらんなさいよ。（Connors 2009）

同僚たちは困惑したが、誰にも何もできなかったと学部長は言った。同年五月には、スカイの暴力は学校が警察や救急隊を呼ぶほどに凶悪なものになっていた。トルーディによれば、スカイが手をつ

＊14　以下の内容は（小西 二〇二〇）や（小西 二〇二三）に大きく依拠したものになっている。トルーディ事件のさらなる詳細については、それらの著作を参照されたい。

けられない状態になったときの学校の解決策は、多くの場合、スカイを家に連れて帰るためにトルーディに電話することであり、スカイがどのような状態であろうと彼女はいつもその要請に応えていたという。その後、近親者に頼ることもあったが、トルーディが自分の力で状況を何とかしようとしているように周囲の人の目には映っていた。

しかし、『プレーン・ディーラー』の記事に記されている経緯を追えば、その背景には、近親者がスカイのケアに参加することで、スカイのルーティンが崩され、彼の状況が（暴力の発生につながるという意味で）よくないものに変化してしまったことがあったように思われる。トルーディによるスカイに対するケアを適切にサポートできる人、あるいは、適切なケアをトルーディと共に探求しようとした人はいなかったのではないか。彼女はスカイのケアを背負い込むことになってしまった。その末に、彼女はスカイによって殺害されてしまったのである。

この事件が報道されることで、これまでおそらく自閉症者のスティグマ化を懸念して積極的に触れられてこなかった（自閉症者と近親者間に特に見られる）自閉症者の処遇困難性（それは特に「暴力」という形で問題化されやすい）が暴露されることになった。作家のアン・バウアーは、トルーディとスカイの事件に触発されて、「息子のなかのモンスター」というエッセイをウェブ上に掲載した。バウアーは、自閉症の息子の暴力に苦しんだ経験と、息子を施設に収容することを決めた苦渋の決断について記すことで、不可視化されている自閉症者の家庭内暴力に対する沈黙を破るように訴えかけた（Bauer 2009）。オンライン上では、多くの両親たちが彼女に同調した。一方で、この記事は、自閉症者を暴力的な「モンスター」と表現しており、乏しいデータによって自閉症者への偏見を助長させるものだと非難されてもいる。

さらに、なぜトルーディはスカイを施設に預けることで、自らの身を守らなかったのかという批判が突きつけられた。多くの人は、「なぜ賢く、有能な女性が、自身の安全を犠牲にしてまで息子を家においておいたのかという困惑」（Connors 2009）を抱くこととなった。このように自閉症者の依存問題の責任を「モンスター息子」と病的な「悪い母親」に押しつけ、単に自閉症や母性を病理化するような言論が立ち上がったのである（Allen 2017, p. 64, p. 69）。

事件後、スカイは逮捕され、裁判にかけられることになった。判事は、スカイが自閉症であり、裁判に参画する能力がなく、この先もこの能力が回復する見込みはないため、彼に北西部オハイオ州発達センターへの残留を命じた。裁判所が彼を釈放することはないであろうことから、この命令は実質的な終身刑を意味していた。センターには広々とした芝生や、野外遊具、九棟のコテージがあり、一六二人が入所可能である。スカイはそのなかの施錠された施設を使用しており、ときどき他の入所者と交流したり親族と面会したりすることがある。スカイには常に二人の補佐官がついている。そして、彼の暴力は続いているという。

8　トルーディのケア、キテイのケア

トルーディはケアできていなかったのか？

自身の命の危険を予期していたトルーディは、その後にスカイが追いやられる状況を案じて、生前

に以下のような手紙を残していた。

関心をもってくださるみなさまへ
この手紙の封が開けられ、読まれているということは、私が息子のスカイ・ウォーカーによって深刻な傷害を負わされたか、殺されてしまったということでしょう。私は心からスカイを愛していますし、スカイが故意に私を傷つけたわけではないと信じています。私は彼を助けるために、そして、この家で起きている暴力のパターンを終わらせるために最善を尽くしてきました。精一杯やってきましたが、それは十分ではなかったのだと思います。それは私のせいであり、スカイのせいではありません。多くの人が暴力のことを知っていますし、多くの人に目撃されています。私たちはみな、スカイを助けることを失敗したのです。私は、彼に責任がない行動によって、彼が罰せられることを望んでいません。

トルーディ・シュトイアナーゲル（Connors 2009）

この手紙を受けてキテイは、トルーディ事件の問題は、トルーディが必要なサポートを得なかったことだと指摘した。トルーディは手紙に、自分がスカイによって致命傷を負わされたとしても「私のせいであり、スカイのせいではありません。（中略）私たちはみな、スカイを助けることに失敗したのです」と書いている。この記述から、トルーディはスカイのケアばかり考えていて、自分自身のケアについて考えていなかったのではないかとキテイは指摘している（Kittay 2018b）。先に確認したように、ドゥーリアの着想の背景には、キテイが「ケアする人がケアされる」必要性に敏感だったことや、実際に第三者からのサポートを得ることによってこそセーシャへのケアを実現できたという経験がある。トルーディがそのような環境づくりや、自己へのケアを放棄していたのではないかという想定が、キテイの発言には込められているように思われる。

では、なぜトルーディは、自己へのケアを蔑ろにしてしまったのだろうか。キテイのケアの倫理論に則るならば、トルーディが第三者に助けを求めなかったことに加え、ケアの倫理に反するような過剰で自己犠牲的なケアを行っていたからだと考えられるだろう。トルーディは自らとスカイのあいだにある境界線を見失い、スカイとの関係において自他未分化の状態に陥っていると言えるし、自身の限度を超えてスカイに対して自己犠牲的で過剰なケアを行っていたとも言える。つまり、トルーディは規範的な意味においてケアできていなかったと解釈できるのである。トルーディは手紙を残す程度には自らの命の危険を察知していたにもかかわらず、スカイの暴力から身を守ることに注力せず、スカイに致命傷を負わされ、スカイを残して亡くなってしまった。このことは依存労働者としての自身の開花繁栄を損なうだけでなく、スカイの開花繁栄を損なうものであったとも考えられるだろう。

シンプリカンらは、ケアの倫理が自他未分化性を容認することについて、透明な自己の議論を取り上げることで批判している。透明な自己とは、「自己をつうじて他者のニーズに気づき、自分自身のニーズを読み取ろうとするときに、まずは、他者のニーズを考えるような自己」（キテイ　二〇二三：一〇九頁）であり、この理論には、自己のニーズと他者のニーズを完全に異なるものと理解するような自己の理想化が存在する。シロ・ホイットニーは、「どのような関心が、被保護者だけの関心なのか」（Whitney 2011, p. 564）と問う。「依存関係が、ケア、関心、感情的なつながりのいずれかである限り、その関係と関連するニーズと願望は、「私たち」に属するものであり、その関係は自己でも他者でもなく、両者がつながっている第三のものである」（ibid., pp. 564–565）。依存労働者の自分自身と被保護者自身の関心を分割する能力は、依存労働者と被保護者のあいだでいかに関心が重複し食い込んでいくのかということを無視している。依存労働者のためになることと被保護者の利益が切り離せると考える透明な自己は、キテイが批判していたはずの「リベラルな自己」であるとシンプリカンは主張するのである（Simplican 2015, p. 221）。

ただし、先に紹介したキテイによる見解、すなわち、「〔哲学的な用語としての大文字の〕ケアの倫理は、ケア関係から生じる責任と、そのような関係性が生み出す欲望と関心の交差を強調しながらも、ケア提供者とケアされる人の両方の権利と個性に敏感である必要がある」（Kittay 2019, p. 181）という記述は、シンプリカンらの批判をも視野に入れたものであると考えられる。キテイは依存者と依存労働者の欲望と関心の交差は否定せずに、しかし、依存者だけでなく依存労働者の権利も守られる必要があると主張しているのである。

処遇困難な依存者を施設に入れず、自分の限界を越えて自己犠牲的に「ケアしすぎた」トルーディは、ケアそのものに失敗した存在として解釈されてしまう。確かにトルーディがスカイと強烈に結びついていたことや、スカイのケアに没頭していたことが彼女の死を引き起こしたことは否定できない。しかし、トルーディを過保護かつケアに失敗した母親として見なすまなざしからは、彼女がいったい何に奮闘していたのかがまったく見えてこない。そうではなくて、トルーディがスカイのような依存者を救うためには何が必要であるか、全力で考えた軌跡を追うべきではないか。キテイはセーシャへの愛の労働を通じて、重度障害者を中心に据えたケアと、その依存労働者が必要とするものについての思索を、自身の生涯の仕事として取り組んできた。トルーディが行ってきたことも、スカイのケアと自身の欲求に、自分の人生を賭けて向き合ってきたということではないのだろうか。

そもそも、トルーディが自己へのケアを蔑ろにして他者からのサポートを得ようとしなかったという指摘は事実にそぐわない。トルーディの残した書きものからは、生前のトルーディが、スカイの通う学校に、自分が勤める大学に、同僚、学生、友人に、スカイの治療を行う医療機関に、自身の元夫や親族に、スカイの暴力を公にし、助けを求め続けていた数々の姿が読み取れる。しかし、多くの場合、トルーディは自身が必要だと主張したケアを与えられることはなく、たとえ「ケア」を得られた場合も、そこでなされた他者からの「ケア」は、（医療ケアを除いて）トルーディの「真のニーズ」に反していることがほとんどだったことが、事件の背景に関する記事からは読み取れる（Connors 2009）。トルーディには、「スカイといっしょに暮らすか、スカイを施設に入れるか」（Simplican 2015, p. 221）という二つの選択肢しかなかったのであり、トルーディの自己へのケアとは、スカイを施設に預けることでしか達成されえないものであると周囲は判断していた。しかし、トルーディにとっての譲れないものが、その見解を拒絶した。[*15]

＊15　基本的にトルーディはスカイが施設の外で生きることを望んでいたわけだが、彼女はすべての施設を拒絶していたわけではなかった。しかし、トルーディが気に入った施設は、入所費と月々の費用が高額なだけでなく、ス

第三者からは、トルーディの欲求、つまり、処遇困難性をもつにもかかわらずスカイに適した仕方でその生を繁栄させることができるように生きてほしいという願いは、正当なものではないと退けられたり、叶えられなかったりすることが多かった。スカイの依存をケアする依存労働者であると同時に、(少なくとも『娘から学んだこと』の定義においては)依存者でもあったトルーディは、「ケアが与えられなければ危害が加わることになる」状態にあり、彼女がそのことを周囲に知らしめていたにもかかわらず、トルーディの開花繁栄、ひいては、スカイの開花繁栄に貢献するようなケアを与えられずに生きていたのである。

加えて、トルーディの記述や周囲の証言から推察するに、トルーディは、スカイが安定して過ごせるためには、どのタイミングで、どのような加減で、どのような調整を加えたケアを与えるべきかという非常に細かく簡単には習得しがたいケアに精通しており、どのような政策や医療がスカイを助けることを可能にするのかということに他者を圧倒する形で迫っていたように思われる。[*16] 周囲の人の証言から推察されることは、トルーディの知恵やケア実践に、周囲の人たちは簡単には追いつくことができなかったこと、そして、近親者の一時的な介入によってなされる不十分なサポートは、かえってスカイとトルーディの生活状況を悪化させるものであったことである(ibid.)。

トルーディがスカイに行っていたケアは、多大な経験値と知識に裏付けされることによってはじめて可能になるほどの優れたケアだったのではないだろうか。足りなかったのは、トルーディによるケア能力などではなく、処遇困難な依存者の社会的包摂のために奮闘するトルーディをケアする体制だったのである。

重なるケア

キテイによれば、透明な自己を持ち続けることは、生涯にわたって一方的にケアを受給するような被保護者、つまり、セーシャのような人をケアするときに、より困難になる。このような被保護者は、依存労働者のケアによって成長することはないにもかかわらず、依存者の生涯にわたって依存労働者へのケアを義務づける。キテイと夫のジェフリーは有能な介護者をたくさん見つけたというが、「長期間にわたってセーシャのケアの要求に応えようとする人はほとんどいなかった」（キテイ　二〇二三：二九二頁）という。だからこそ、キテイは、食を与えたり清潔さを保ったり危険を回避させたりする依存労働それ自体は「愛情がなくても不十分とはいえ成り立つ」（同前：七二頁）ものであるが、それが十分なものになるためには「事実上、被保護者へのかなりの感情的な愛着が必要」（同前：二四六頁／訳を一部変更）だと主張する。あるべき依存労働者と被保護者の関係は、「契約関係によってではなく、愛情や配慮からなる絆によって結びついて」いるものであり、「一般的な他者との間にではなく、代替不可能で具体的な他者との間に生じる」（同前：一一二頁）ような双方にとって強固で特別な関係である。このような関係が成立してはじめて、ケアを誰かに与え返すことのでき

カイの怒りがコントロール可能にならなければ入所できない施設だった。さらにトルーディは、ポーテージ郡発達障害者委員会のケースワーカーに相談し、保護施設で従事する（スカイが好きな）清掃の仕事を探し当ててもいたという（Connors 2009）。このようにトルーディは、スカイが彼女のケアなくしても生きていける道も模索していた。

＊16　実際に、トルーディが二〇〇五年に提案した自閉スペクトラム症への政策は、今日の政策や実践の主流になっているものである（Steuernagel 2005）。

ない被保護者たちが、愛のやり取りを通じて依存労働者たちと相互的なやり取りができるようになるというのである。

キテイがセーシャのケアを通じて理解したように、真にスカイをケアするということは、生半可な依存労働の実践で可能になることではない。スカイの場合は処遇困難性をもっているため、そこに生じうる問題（暴力）を予防するための細かなルーティンのサポートやホルモンの急上昇を抑制する薬の投与を含む（重度障害者のケアにあたる通常の労力以上に）過分な労力が加わらざるを得ない。すなわち、通り一遍のケアでさえ、彼の行動に何らかの仕方で強制的な制限を加える措置を取らない限り、かなりの程度の愛情関係がなければ続けていくことが困難なものであるということである。キテイがセーシャと愛の関係を築いていたのと同様に（労力的にはそれ以上に）トルーディもスカイと愛の関係を築いていたからこそ、最後までスカイのケアを担い続けることができたのである。

そして、スカイがトルーディから愛を受け取るだけでなく、トルーディに愛を返していたことは、確かなことであるようだ。事件後の二〇〇九年二月一四日にニュースにおいて、トルーディの同僚で、親しい友人のひとりでもあったモリー・メリーマンは、以下のように発言した。

私が何よりも言いたいことは、そこには本当に深く愛し合った母親と息子がいたのだということです。……スカイとトルーディは信じられないほど完全な愛の関係を築いていました。（中略）スカイは話すことができませんが、それにもかかわらず、彼が母親を大切にしていたことは、二人と関係する特権をもっていた人にとっては常に明らかなことでした。（CBS News 2009）

ここで言われていることは、まさにキテイが主張したような依存者と依存労働者の愛のやり取りのことなのではないだろうか。この次元のやり取りは、愛の「労働」でありながらも、「労働」という枠に収まりきることが決してできないような「愛」の次元によって達成されるものだと考える。言い換えれば、このようなケアを「労働」と認定することの利点を理解しつつ、そのケアを「労働」と名指しながらも、「労働」には回収できないものが内在しなければできない実践であることを認めざるを得ないようなものがそこにはあるのではないだろうか。トルーディにしても、愛するスカイが相手でなければ、ここまでのケアを実行しようとはしなかっただろう。その営みを、トルーディは「労働」だと思い（続け）ながら実行していたのだろうか。

キテイがかなり子煩悩な人であることは、彼女の手記を読めば想像がつくことである。キテイはセーシャの重度障害が発覚した後も、何とかして娘を施設ではなく自宅で養育しようとした。しかし、セーシャに重度の障害があることを知ったキテイの母親が、執拗な態度でセーシャを施設にいれるようキテイに迫ったことがあった。そのときのことをキテイは以下のように振り返る。

セーシャが生まれてから一年半の間に起こったあらゆるトラウマ的な出来事のうち、セーシャに知的障碍があることを知ったことよりも、私が生涯で最も愛した女性から放たれたこれらの言葉ほど辛いものはなかった。母であること、子どもを愛すること、子育ての喜び、相手を抱きしめたりケアしたりする喜び、子どものために犠牲となる喜びを感じることがどういうことかを私に教えてくれた女性。私にとって母性愛のモデルであるその人が、私にわが子を見捨てろと言うなんて。……

これには私は気が狂わんばかりだった。私には理解できなかった。(キテイ 二〇二三：二八七頁／訳を一部変更)

このようなキテイの猛烈な拒絶反応は、トルーディの態度を想起させるものでもある。幸いなことにキテイの欲求は正当なものとして受け入れられ、家族はキテイが望むような仕方でのセーシャへのケアを実現するためにサポートしてくれることになった。

さらに、キテイは、家族だけにとどまらず、ペギーという最高の愛の(住み込み)労働者と、セーシャへのケアを共有していた。そのことも関係して、キテイと夫のジェフリーは、「職業人として、また息子の親として、さらには余暇を楽しむ人間としての役割を果たす」ことができ、「セーシャの過剰なニーズのおかけで彼女がいなければこんな楽しみもあったのにと恨みを抱くことなく、セーシャを愛することができ」(同前：二九六頁)た。[*17]

キテイも、自分が「明快な道徳的選択を下すだけの幸福に恵まれていた」(同前：二九〇頁)ことを自覚している。

もしセーシャの世話をするための十分な資源を(家族の財産のおかげで)持っていなかったら、私が何を考えたかはわからない。(同前：二八八頁)

私たち家族は特権的で特別なのだろうか？　そもそもペギーを雇える資源があることがまず特権だ

ろうか？　娘に対してとても忠実な友でもある介護者を見つけたことが何よりも特権的なのだろうか？（同前：二九五頁）

とはいえ、そのような環境を取得することができたキテイが、どれほど固い意志をもち続け、どれほど他者と交渉し、どれほどの物事を調整してきたのか、セーシャの障害の重さとキテイの思想、そして、彼女のキャリアから考えるならば、その奮闘と努力は想像を絶するものだったのではないかと考える。それを実現させたキテイが、セーシャに対して深い愛情を抱いているということは、疑う余地のないことである。それでもキテイは恵まれていた。それがセーシャの開花繁栄につながった。これも事実なのである。

異なるケア

ここまで検討してきたように、トルーディのケアとキテイのケアには類似的な点を多数見出すことができる。二人とも重度障害者のわが子を何としても自宅で養育しようとしたこと。自分の研究をわが子の人権獲得のために費やしたこと。言葉をもたないわが子との愛による相互的なやり取りを実現したこと。障害学が自立や自己主張を重んじることが、言葉をもたず、かつ、生涯依存的であらざるを得ない重度障害者を皮肉にも排斥してしまうと主張していること[*18]。わが子の愛に少なからず依存し

＊17　ペギーのリタイアを機に、セーシャは、キテイの理念に敵う優れたケアが提供されている施設で暮らすようになり、週末は自宅で過ごすようになった。

ていること。

しかし、両者には決定的な違いがあった。それこそが、被保護者であるわが子における（暴力という形に結びつきうる）処遇困難性の有無である。キテイが得られた環境でさえ相当に稀有なものであったが、トルーディがキテイと同様の環境を手に入れることはそれ以上に極めて有難いことであったのではないか。つまり、トルーディによるスカイへのケアが「過剰なケア」「自己犠牲的なケア」にならないような環境を手に入れること自体が、スカイが処遇困難な依存者であることが関係することで、絶望的な状態にあったのではないだろうか。処遇困難性の有無は、施設にわが子を入所させないことに対する賛同の得やすさ、わが子のケアに対する第三者の協力の得やすさ、依存労働者としての自己への他者からケアの得やすさに対して、決定的で雲泥の差を引き起こすものになり得てしまうのである。

たとえば、キテイの要求は金銭的なサポートによってそれ相応の状況改善が見込まれるのに対して、トルーディの要求は（スカイの行動を物理的に制御する形をとらないのであれば）たとえ金銭的な投入を行ったとしても改善不可能なことが大いにあり得る。それはトルーディが唯一気に入ったという施設が、高額であったのみならず、スカイの「攻撃性」がコントロールできない限り入所を拒否していたことからも明らかなことだろう。このようにトルーディの要求には、他者の処遇困難性とどのようにつき合っていけばよいのかということが常につきまとってくる。だからこそ、スカイのような人は、生かしたまま行動の制限が可能となる施設で生活させることが人道的なあり方であるとする判断が、正当化されるのである。

トルーディ事件と、シンプリカンによる批判を知ったキテイは、『娘から学んだこと』において、深刻な認知障害が本人とその家族のＱＯＬ（Quality of Life）を下げることがあると論じる際に、その要素のひとつとして、依存者の深刻な行動上の問題、すなわち、「コントロール困難な攻撃的で暴力的な行動（hard-to-control aggressive and violent behavior）」に言及している。このような事態の例としてトルーディ事件に簡単に触れたキテイは、「このような攻撃性（aggression）と暴力は、親だけでなく、子どもの開花繁栄を妨げるものであり、致命的になる可能性さえある」（Kittay 2019, p. 51）としたうえで、「私たちは、この非常に困難な行動の原因を探り、子どもと家族がこの攻撃性に対処するのを助ける方法を探す必要がある。それは簡単なことではないが、障害をもつすべての人にとっての良い人生を可能にするためには、不可欠な課題である」（ibid., pp. 51-52）と述べている。ただし、このような言及の加筆によって、ただちにスカイのような存在がキテイの議論に含みこまれることにはならない。

キテイの議論に対して「攻撃的」な依存者が不在であることを指摘したのがシンプリカンだとしたら、そのように描写され得る依存者が包摂される社会の実現のために、その人生を賭けて奮闘したの

＊18　キテイは、障害者たちが健常者から無能でかわいそうで依存的な存在として捉えられることに抵抗し、自らが自立的に生きるための権利を求めてきたことを確認しており、そのような障害学と、生涯他者に依存しないと生きていけない障害者が必要とするケア論とのあいだにある緊張関係について論じた研究を行っている（Kittay 2007; 2018a; 2019）。トルーディも、社会モデルが障害のある人びとが自分で話す権利を強調するあまり、それに準じた政策が、自分で話すことのできない自閉症者たちを排斥したものになってしまうと指摘している（Steuernagel 2005, p. 141）。

がトルーディである。トルーディは二〇〇五年の論文「自閉スペクトラム症（Autism Spectrum Disorders）と特定された症例の増加：政策的影響」にて、アメリカの自閉症政策について論じ、その政策への貢献を目指していた。トルーディは、障害学における社会モデルが必ずしも医学研究を停止すべきと主張するものではないことや、ヘルスケア・教育・職業訓練などの分野で専門知識をもつ人びとに役割がないと示唆するものでないことを確認しつつ（Steuernagel 2005, p. 140）、社会モデルにならって、自閉症を根絶したり治したりするためではなく自閉症児の特定の教育的ニーズを理解するために資源を費やすことなどを通じて、社会が自閉症者の価値を認める必要があると述べる。自閉症という生き方は、社会こそが適応する必要のある異なる生き方なのである（ibid., p. 141）。そのうえで、自閉症政策の将来に対して、①（「自閉症（autism）を治すわけではないが、攻撃性や強迫行動（aggression and obsessive）を含む自閉症の症状の治療において、一部の薬が効果的である」（ibid., p. 144）ことをはじめ）自閉症の治療に対する適切な情報が提供され、治療へのアクセスが制度として保証される必要があること、②通常学級のインクルージョン教育を実現するために、大学が教師を目指す人びとに訓練過程を提供し、学区が教師に現職教育／社内研修を提供すべきであること、③学校卒業後の自閉症者へのサービスの必要性があることを主張した（ibid., p. 139）。

トルーディの論文で提起される教育や就労の問題点や、そのための政策の提案は、明らかに昨今の発達障害者を包摂しようとする動き・政策と類似的である。その流れはときに、発達障害者を社会に「包摂する」のではなく、社会に合うように「矯正する」ものだと批判されるようなものでもある。確かにトルーディは、スカイに「普通」であることを求めていたと言えるかもしれない。スカイ自身がトルーディの選択をどのように受けとっていたかも定かではない。しかし、ここで重要なことは、トルーディの願いが「順当な」社会的包摂を目指すものであったにもかかわらず、スカイの処遇困難性のため、その願いが「不適切さ」を帯びたものとして認識されがちであることだ。そして、トルーディの議論のなかには、薬物療法によって処遇困難性をともなう依存者と〈共生〉する可能性を追求しようとした痕跡が見られることは、特筆に値する。

スカイのような存在を想定せずに、真の意味で「社会的包摂」が実現できると言えるのだろうか。このような存在を度外視したうえでの「社会的包摂」は、「誰もがケアされ包摂される」（ギリガン 二〇二二）ことを理想に掲げているはずのケアの倫理が、その規範や理想を形成する過程で処遇困難性をともなう存在や病的とされる存在のような、規範の外の生を不可視化してしまっているという問題と類似的ではないだろうか。ケアの倫理理論とそこに含まれるイデオロギーを批判的に検討することで、現在「適切な・正しいケア」とされるものを再考する必要性が明らかになる。このように見ていくと、トルーディの願いは、社会全体の根本的変革を要請するものだということがわかってくるのである。

9　おわりに——〈共生〉のためのドゥーリア

昨今、〈共生〉という言葉は、「多様性」という言葉とも結びつく形で多用されている。「多様性」を認め、障害者との〈共生〉が実現された未来を構想する人びとの姿は、まっとうで正しいものとして現われてくる。しかし、「スカイのような人との共生」を唱えはじめると、その受け取られ方は変化するだろう。処遇困難な依存者／障害者を、私たちが生きる場所とは異なる「別の社会」に閉じ込めることが望まれはじめる。相互的なコミットメントをともなうような〈共生〉などではなく、ただ同じ社会を共にするような〈共生〉でさえ、拒絶されることになる。あるいは、ここで拒絶された、ただ同じ社会を共にするような〈共生〉こそが、異なりをもつ他者を自身の領域に引きずり込むのではない仕方でなされる〈真の共生〉とも言えるのではないか。

トルーディ事件について問われたキテイは、「トルーディは自己をケアできていない」と述べた。しかし、キテイはそれに続いて、トルーディの手紙の「私たちはみな、スカイを助けることに失敗したのです」という記述を「社会がトルーディとスカイを助けることに失敗したのです」と言いかえるべきだと述べた（Kittay 2018b）[*19]。この論を進めるならば、社会がシュトイアナーゲル家以上にスカイが住みやすい場所・世界を作ることができなかったことによって、「スカイとトルーディを救うことに失敗した」という考えに行きつくはずだ。それは、トルーディのあらゆる文書や言動が訴えていたことではないだろうか。ホリー・アレンは、トルーディは自分がスカイに致命傷を負わされた場合、多くの人が自らをケアに失敗している悪い母親、スカイを自閉症モンスターだと捉えるだろうということを予期して、手紙を書いたと主張する。つまり、トルーディはこの事件の原因はそのようなものではなく、「自閉症の人びとが生き続ける可能性を否定し、ケアのための社会的包摂の枠組みを否定する壊れたシステムの結果として」（Allen 2017, p. 69）彼女の死を捉えるよう強く主張したということである。

トルーディの残した書きものなどを読めば、トルーディのような仕方で処遇困難な人をケアできる人は極めて稀有な存在であることがわかる。普遍的な要求として、そのようなケアの実践を各人に要請することは、簡単に（特に、女性や家族に対する）不当なケア責任の強制につながってしまう。そうだとするならば、まず、私たちにできることは、自己犠牲的なケアを善とするようなあり方に回収されない形で、トルーディのような人たちのケアとその稀有性を尊重し、その実践を可能にする知恵と経験に学びながら、その人たちが自己犠牲的であるとされる状況に陥らないようにするためのケアを提供できる社会を目指すことなのではないだろうか。

キテイによるドゥーリアの構想が「平等」を強調するものであるとすれば、トルーディをケアする必要性を考慮することから導かれるドゥーリアの構想は、排除を正当化される人たちをケアし、彼らと共に生きようとする人たちとの〈共生〉、ひいては、排除を正当化される人たちとの〈共生〉を強調するものである。依存労働者としてのトルーディは、明らかに他者からのケアを必要としていた。キテイの論じるドゥーリアの原理からはじめるならば、依存労働者としてのトルーディがケアされることで彼女が平等に扱われることの達成が目標として掲げられるだろう。しかし、トルーディの願いの核心は、依存労働者としての自身が平等な生き方ができるようになるということではなく、自身のケアがサポートされたり、自身がケアされたりすることによって、スカイが受け入れられている社会

＊19　トルーディが手紙にスカイのことだけをケアの対象とするような文言を残したのは、自身が再起不能になったときにそれが読まれることを想定していたからだろう。本章で強調しているように、トルーディが自身へのケアを周囲に訴えていたことは再度確認しておきたい。

のなかで自分自身も生きていくことだったのではないか。
トルーディがスカイと共に孤立状態に陥ってしまったことからもわかるように、社会的に排除される存在と生を共にしようとする人は、間接的に社会的排除の流れのなかに飲み込まれてしまう。したがって、このような依存労働者たちの声は、実質的に無視されることになる。そのような人たちを排除するのではなく、その人たちが依存者にとって必要だと考えるものに耳を傾けたり、その人たちがケアし続けることを可能にする社会の実現に向けて歩んでいったりすることが、真の意味での〈共生〉の足がかりになるかもしれない。このような仕方でなされる〈共生〉のためのドゥーリアの構想に参画することが、私たちの未来世界をより豊かで多様性に満ちたものへと導くのではないだろうか。

【付記】本研究は、JSPS科学研究費JP23K00009およびJP23H00736の助成を受けたものである。

＊　＊　＊

【読書ガイド】

・ギリガン、キャロル『もうひとつの声で――心理学の理論とケアの倫理』川本隆史・山辺恵理子・米典子訳、風行社、二〇二二年〔解題〕米国の発達心理学者キャロル・ギリガンによる、ケアの倫理を論じた初の著書である。従来の発達理論が、自立や分離を成熟の条件とすることに対して、女性たちの声から聞こえてくるような相互依存や愛着を重視した倫理観を提示。その倫理観が心理学研究史において見落とされてきたことを指摘した。

・小西真理子『歪な愛の倫理――〈第三者〉は暴力関係にどう応じるべきか』筑摩書房、二〇二三年〔解題〕本拙著では、暴力をふるう「加害者」に愛着を抱いている「被害者」たちが、なぜ暴力関係から逃れないのかについて考察したものである。第四章では本章においても重要な位置をしめるトルーディ事件について詳細に紹介している。暴力関係に留まっている人たちが語る（きれいごとではない）愛の物語に耳を傾けることで見えてくる世界のあり方について考えてほしい。

・吉田おさみ『〝狂気〟からの反撃――精神医療解体運動への視点』新泉社、一九八二年〔解題〕現代のケアをめぐるイデオロギーの欺瞞的側面を、本章とは別の観点から徹底的に批判した名著。著者は、全国「精神病」者集団にて活躍した運動家であり、心理学系の学会にて精神障害者への各種治療論へ問題提起する複数の論文を発表した理論家でもあった。本書は廃版になっているが、本書を所蔵している図書館は少なからず存在する。ぜひ読んでほしい。

第3章

プラットフォーム経済の生き方、読み方、抗し方

――評価経済と集合的レーティングの問題をどう超えるか

現代のありふれた暮らしを覗くことから始めてみよう。

Discordで友人と音声通話をしながらFPSゲームをプレイするが、自分は早々に負けて退場する。テレビは消音でつけっぱなしにしている。通話で友人を応援しながら、手に持ったスマホでInstagramに保存した気になる店のことをチェックし直し、LINEで別の友人に店の情報を送る。そこに話しかけてくる家族に、「ちょっと待って、今ゲームしてるから」と声をかけつつ、戦闘の終わった友人に通話で「ナイスファイト、割といい線行ったよな」とねぎらい、次のバトルへ向けて操作しながら、別の友達が投稿した写真に「いいね」を押す。（谷川 二〇二四：二二三-二二四頁）[*1]

この論考では、こういう景色がもたらした社会と自己の変化について考察していく。

上記のような、無数のメディア技術をにぎやかに渡り歩く描写を読むと、「そういう若者っている

よね」と反射的に思うかもしれない。しかしその結論を下すのは、いくつかデータを見てからでも遅くはない。二〇二二年に発表されたICT総研のSNS利用動向の調査結果によると、国内ネットユーザーは一億人を超えている。[*2] その八〇％にあたる約八一〇〇万人がSNSを利用しており、スマートフォンの普及に伴い、二〇二四年末には八三三八万人に拡大すると見込まれている。この国に八三三八万人の若者がいるなら別だが、そういうわけもない。

もう一本、メディア環境についてのレポートを眺めておきたい。IT大手のシスコ社が二〇二〇年二月に出したレポート（Cisco Annual Internet Report 2018-2023）によると、二〇二三年までに世界

＊1　読む時期によっては、サービス名やジャンルがわからないかもしれないので補足しておきたい。Discordは、サーバーに招待した人に対して、チャンネルごとに話題を分けて関係する人にだけチャットを送ることのできるSNSで、通話も無料でできるため、仕事のプロジェクト運営はもちろん、ゲームや読書など特定の趣味でつながった友人同士がコミュニケーションをするプラットフォームとして好んで用いられている。FPSは、一人称視点でキャラクターを操作するゲームジャンルのことで、特にシューティングを指している（三人称視点への切り替えもできることが多い）。スマートフォンでも無料でプレイできるFPSゲームが若年層で流行している。一回の試合にかかる時間は、映画やドラマ、読書などと比べるとかなり短い傾向にある。スキンというヴィジュアルイメージを変更するデータの販売や広告などでマネタイズしているゲームも多い。Instagramは、写真や映像を投稿するSNSで正方形に切り取られた画面が並んでいくのが特徴的。DM（ダイレクトメッセージ）を連絡ツール代わりに使う人も多いほか、ストーリーズという二四時間で消える仕様の画像投稿の手法も人気。LINEは、通話や文章を特定の個人ないしグループに送るツールで、仕事などよりもプライベートな目的で用いる人が多い傾向にあり、ほとんどの人が実名のアカウントを持っている。

＊2　「2022年度SNS利用動向に関する調査」ICT総研 https://ictr.co.jp/report/20220517-2.html/（二〇二四年八月一七日最終閲覧）

のデバイス数は二九三億台（一人あたり約三・六台）になる見込みで、しかも、デバイス同士が接続しているものの数は、全デバイスのうち一四七億台になると推定されている。このデバイスの多数化と相互接続化が、上記のような「忙しい日常」の成立に寄与している。

1 スマホ時代の多忙文化とその問題

スマホ時代のニーチェ

フリードリヒ・ニーチェという哲学者は、現代人が様々なタスクに次から次へと目を向けて落ち着きがないことを批判した。

そして、がむしゃらに働き、せわしない人生を送っている君たちよ。君たちも人生に倦み疲れているのではないか。……君たちはみな、がむしゃらに働くのが好きだし、速くて、新しくて、見慣れぬものを好む。――君たちは、自分に我慢できない。君たちの勤勉とは逃避であり、自分自身を忘れてしまおうとする意志なのだ。君たちがもっと人生を信じていたなら、瞬間に身を任せることはもっと少ないだろう。（ニーチェ 二〇二三：七七頁）

仕事や勉学、家事のような活動はもちろん、娯楽やおしゃべりなど、ひっきりなしに刺激に触れている。ある刺激から別の刺激へと次々に乗り換える。それぞれの刺激は「一瞬」で過ぎ去る。冒頭で引用した暮らしを思わせる記述だ。

言葉遣いについて補足した方が、ニーチェの言葉をより深く理解できるかもしれない。「がむしゃらに働く」と訳されているのは、原文では“wilde Arbeit”である（別の翻訳では「激務」と訳されている）。wild(e) は「手入れされずに荒れ放題の」、つまり「乱雑で統制がとれない」さまを、Arbeit は「仕事」や「作業」を指している。つまりこの言葉は、いわゆる「お仕事」というよりも、〈とめなく乱れた無秩序な行動の連鎖〉をイメージしていることがわかる。せわしない生活は、インスタントでわかりやすい刺激――速くて新しくて見慣れない刺激――を乱雑に取り入れる日々をもたらすことになる。

スケジュールが空白だと自分が無価値に感じられるので必死に埋めたり、何にもない時間がなくなったら自分が立派になったと安心したりする様子を思い浮かべればいいかもしれない。[*3] ここに様々なウェブサービスが入ってくる。スマホで様々なタスクを並行して処理しながら、同時並行するべきタスクの一つとして、対面の会話や作業をこなす。そんな忙しい日常を私たちは生きている。

＊3　若者が仕事で忙しいと言うのを聞くと、「立派に頑張っているんだね」と年長者が反応しがちであるように、多忙は現代人の美徳の一つになっている。「仕事」という言葉が、「忙しいこと＝用事があること（business／仕事）」を語源としていることにも、多忙文化の根深さがある。多忙を基準に評価されるのは、仕事だけでなく余暇も同じだ。隙間なく色々な娯楽や体験に触れ、友人とたえまなく話す休日を過ごしたとき、人は「ああ、充実した一日だった」などと実感するだろう。こうした論点については、次の拙論を参照のこと。「【哲学者と考える】休日には、コスパもタイパもいらない」Newspicks（二〇二三年五月五日）https://newspicks.com/news/8411546/body/（二〇二四年八月一七日最終閲覧）

ニーチェは一九世紀の哲学者なので、インターネットの存在を知らない。しかし、上のフレーズは、現在の日常を描写したものとしても十分機能する。これだけ隔たっているなら、現代のメディア環境を論じるためにニーチェを持ち出すべきではない、ということになりそうだが、そう悪いアプローチとも言えない。というのも、哲学者のノーレン・ガーツが、ニーチェを援用しつつFacebook、YouTube、Netflix、Pokémon GO、Uber、Tinderなどのテクノロジーを論じ、一定の評価を得ているように、ニーチェの議論は現代社会にも届く射程を持っているからだ（ガーツ 二〇二一）[*4]。ガーツのひそみに倣って、ニーチェの「激務」への違和感を入口に、私たちの議論を始めよう。

本論考の構成

本章では、こうした複雑なメディア環境を生きる現代社会を二つの論点から考察していく。第一に、プラットフォーム経済とユーザーの関係性。複数のアクターが出会う場としてインターネット上の媒体が機能するとき、それはしばしば「プラットフォーム」と呼ばれる。複数のウェブプラットフォームを基盤に生まれた新しい経済文化、すなわち「評価経済」あるいは「アテンションエコノミー」について考察しながら、レーティング（評価）や予測製品の生成という形で、新たな「監視」システムが生まれているさまを明らかにしていく。

この経済文化が、「プラットフォーム経済」という体制の下で揺籃されたものであることは見逃すべきではない。プラットフォームにおいては、消費者（サービス利用者）と生産者（サービス提供者）という普通の構図が成り立たない。たとえば、動画投稿者と動画視聴者はいずれも同じプラットフォームのユーザーである。以下で詳しく論じることになるが、プラットフォーマー（企業）からすると、どちらも同じサービスを使ってデータを生み出す「ユーザー」にすぎない。要するに、従来の市民社会論や消費社会論のように、消費（者）と生産（者）、あるいは消費者と労働者という図式を置くことができないのだ。すべてをユーザーとしてフラットに扱い、管理していくプラットフォームの厄介さを紐解くのが、第一の論点の目的である。

第二に、プラットフォームによって生まれた「出会い」の性質変化。上記のようなメディア環境では、レビューや星の数のような集合知的なレーティングは、否が応でも目に入る。現代において何かと「出会う」とは、レーティングを介して出会うこと（＝集合知を介したマッチング）にほかならない。設計・演出された「偶然」の出会いになってしまうのだ。

そうした出会いの問題点に触れながら、レーティングを超えた出会いの可能性を模索する。不意打ちのように出会い、他者評価を気にせずに感じたことを尊重し、作品から何かを受け取るにはどうすればいいのだろうか。津村記久子の短編小説「サキの忘れ物」の読解を通じて、レーティングの外部について検討する。

＊4　なぜ「届く射程を持っている」のかというと、理由は単純で、ニーチェは大衆社会について論じたが（大衆を「畜群」とか「最後の人間（末人）」などと呼んでいる）、今なお大衆社会が継続しているからだ。時代の変化やテクノロジーの登場は、「大衆」や「大衆社会」の性質を何も変化させないどころか、彼が先駆的に描いた議論を先鋭化した形で露わにしている。ガーツ（二〇二一年）や谷川（二〇二二年）、そして本論考はそうした前提に立って議論している。

2　多忙による自己逃避を生み出すアテンションエコノミー

多忙によって退屈を忘れようとする現代文化

忙しさで生活を満したい現代人にとって、スマホは格好のテクノロジーだ。いつでもどこでも、誰かとつながることができるし、刺激やコミュニケーションで自分の心をすきまなく埋めていくことができる。これを使えば、いつでもどこでも「用事（business）」を生み出せる。「退屈などない」社会のできあがりだ、少なくとも見かけ上は。

誰かとの待ち合わせ、信号待ちの一分、廊下を歩くだけの時間、トイレの最中にまで、私たちはすばやくスマホを取り出して用事を生み出し、執拗に退屈を消そうとしている。退屈のない社会とは、退屈を用事で消すことに執念を燃やす社会のことだ。ここに、退屈への恐怖を読み取ることは難しくない。TikTokで動画を見たり、Instagramの写真にコメントを書いたり、ＤＭを友だちに送ったり、ソシャゲを倍速でプレイしたり、配信者に投げ銭したりする。私たちは素直にそれを楽しんでいるようで、心のどこかでは退屈することをこわがっている。

普段は数多の「用事」を生み出すことで、場所を問わず絶えず刺激にさらされていることができる。だが、刺激の波が途切れたとき、退屈や不安がどこからともなく浮上してくる。そういうモヤモヤした感情に向き合うのはストレスがたまるから、退屈や不安が一瞬でもちらつくと、ますます刺激を求めたくなる。「彼らはよく働く。労働は娯楽だからである」とニーチェは記している（ニーチェ二〇二二：三〇頁）。しかし注3でも指摘したように、スマホ時代において余暇や娯楽もまた一種の労働になっている。どちらも多忙（退屈の欠如）で評価される営みだからだ。

情報の濁流に身をさらすことで、何とかして退屈を忘れる。少しの間は退屈も見えなくなるが、一時しのぎにすぎない。多忙と多忙の隙間に、あるいは多忙であることへの疲れを自覚した瞬間に、執拗に避けていたはずの退屈は、虚無感とともに押し寄せてくる。目先の用事にとらわれない時間をもたらす退屈や不安は、様々な刺激ではなく、自分自身とともに過ごすことを強いる。その意味で、ニーチェの指摘した自分からの「逃避」や「忘却」は、退屈や不安への恐怖に由来している。

社会学者のエリオットとアーリの描く現代人像もまた、次々と刺激を乗り換えていくことで自己から逃避し、自己を忘れようとすることの背後にある不安を捉えている。

「移動の途上にあり続けること」は、欲望、差異、他性、異国風のもの、豊かさ、といったものの新しい可能性を開くモビリティと結びつく中で、魅惑的でスタイリッシュな人生戦略として、ますます魅力を持つのである。また同時に、違う見方をすれば、それにより「動けなくなること」の恐怖が弱められるのである。（エリオット&アーリ　二〇一六：一一〇頁）

ある一瞬の刺激から、また別の刺激へと移動し続けることで、私たちは動けなくなる不安を（一時的に）振り払うことができる。

現代社会では、華麗に動き続けることができる人ほどセクシーに見える。情報の濁流を、うまく泳ぎこなしているように見える人は、その分だけ影響力を得ることになる。YouTubeやTikTok、Twitchなどのウェブプラットフォームを利用し、情報発信や編集を通して影響力を行使している人物は、「インフルエンサー」と呼ばれる。

ＩＴ企業は、インフルエンサーが持つ高い影響力、言い換えると、可視化された「注目（attention）」に期待している。人々がインフルエンサー目当てにプラットフォームに集まる限りにおいて、企業が広告を打つことを期待できるからだ（プラットフォーム企業の多くはそうして収益を上げている）。いずれにせよ、この経済の中心には「注目」がある。次節では、注目を軸とする経済文化、すなわち「アテンションエコノミー」について検討することにしたい。

インフルエンサーとアテンションエコノミー――YOASOBIを例に

情報があふれ、情報へのアクセシビリティが下がると、情報そのものの希少価値は下がる。他方で、情報に向けられる注意は有限であるため、その希少性が認識されてきた。人間はその都度一つのことにしか注意を向けられないからだ。かくして、情報の質や内容よりも、情報に対する「注目」の配分や集中が重要な意味を持つようになった。[*5]

情報技術によって、各人の行動データがとりやすくなったことも、注目の地位を高めるのに一役買っている。ウェブサービスは、クリック数、閲覧数、滞在時間、購入可否、購入数、購入履歴、購入のタイミングなどの情報を、アカウントと紐づけて蓄えている。[*6] アカウントには、年齢・性別・居住地などの個人情報が本人によって登録されているため、顧客の「アテンション」をマーケティングに転用できる。集まった大量のデータを解析することで、どんなタイプの人にいつどのように何をどれくらい売れればよいのかを予想する情報が生成できるのだ。

たとえば、ECサイト大手のAmazonには、「よく一緒に購入されている商品」や「あなたにおすすめの○○」という項目がある。前者は属性にかかわらず同時に買われている商品を提示する機能であり、後者のレコメンデーション機能は、あなたのような行動をとった人が好む可能性の高い商品を予測して提示している。このように、人々の注目は、企業の日々取り組むマーケティングやウェブサイト設計などのビジネスに直接に関わっており、このような経済文化が「アテンションエコノミー」と呼ばれている。

ここでは、ミュージシャンのYOASOBIを例に、アテンションエコノミーの実情を確認しておきたい。ソニー・ミュージックエンタテインメント（SME）のグループ企業であるThe Orchardが、YOASOBI楽曲の各種プラットフォームへの配信を担当した。The Orchardは、インディーズ・ミュージシャンの配信を担当することが多いアメリカの企業で、世界五〇拠点にスタッフがおり、どの国で

＊5　経済学の基本的な関心は、資源や財の配分にあるため、アテンションという有限で希少なものの配置については当然経済学周辺分野の関心事になる。

＊6　この「大量の情報を蓄積する」想像力は、情報技術が向かう一つの方向であると言える。かつては「データベース」や「ビッグデータ」などと呼ばれることが多く、現在では「行動データ」「データサイエンス」「LLM（大規模言語モデル）」などの脈絡で取り上げられている。「データベース」という言葉が鍵になる議論として東（二〇〇一、二〇一五）があり、「ビッグデータ」や「集合知」が鍵になる議論としてドミニク（二〇一五）や矢野（二〇一八）がある。

どの曲がどう売れたのかが即座にわかるデータ分析システムを構築していた。

YOASOBIのデビュー曲「夜に駆ける」が二〇一九年一二月一四日配信されると、早くも翌年一月頃にはインドネシア、春から夏にかけて台湾などアジアの諸地域で頻繁に聴かれていることがわかった。そこでThe Orchardが取り組んだのは、地道な分析と、その動きを加速させる広告である。

同年〔二〇二〇年〕夏に四曲目となる「たぶん」を配信する際は、英語のプレゼン資料を作成。……台湾やタイ、シンガポールなどの拠点に指示を飛ばし、各地のスタッフが資料を抱えて営業をかけた。その後も、どこかの国で突然楽曲が多く聴かれる「スパイク」という反応が出ると、現地の拠点に理由を調べてもらい、打ち手を探った。逆に海外の拠点から「反応が出ているから広告を配信してみないか」といった提案も届いた。[*7]

こうした地道な分析と調査によって人々のアテンションの動きを捉え、それを使ってより大きなアテンションを集めるための施策が打たれたのである。

The Orchardの海外拠点から、TikTokのＡｉマンガフィルターを用いた動画のＢＧＭとしてYOASOBIの「たぶん」（二〇二〇年）を使用するミームが生まれているとの連絡が国内のＳＮＳ戦略担当まで届いた。それを受けて、本家たるYOASOBIのボーカルikuraによる同様の動画を二〇二二年一二月に投稿すると、瞬く間に再生数が伸びた。結果として、さらに類似の動画が生まれるブームとなり、多数の著名なインフルエンサーも後に続き始めた。

英国の世界的な歌手リタ・オラもこの曲を使った動画を投稿しているのを見つけた屋代は、コメント欄にYOASOBIの公式アカウントで「Love it!!!」（大好きです）と書き込んだ。その直後。「たぶん」は米国のTikTokチャートで一位を獲得した。YOASOBIのSNS戦略を担当する屋代は言う。「楽曲を歌う本人（の公式アカウント）からコメントが来ると、TikTokに投稿した著名人とともにそのファンも喜んでくれる。さらにそういう動きがあると、アルゴリズムとしてTikTok上の『おすすめ』に載りやすくなるように思う」[*8]

同じ記事の中で、音楽評論家の柴那典は、次のようにコメントしている。「根幹にある曲の良さは大前提だが、ある日突然、再生回数が跳ね上がる現象も起こる。だからこそ、偶然に生まれた種火に気付いて、現象として大きくできるかどうかが勝負になっている」。かように周到な注目を集める戦略の上に、インフルエンサーたることは成立している。[*9]

*7　「YOASOBIをどう世界で仕掛けたか　跳ねる再生数、つかんで動く」朝日新聞デジタル（二〇二四年七月一日）https://www.asahi.com/articles/ASS6W3JSHS6WULFA01BM.html（二〇二四年八月一七日最終閲覧）
*8　「2年前の曲を米TikTok 1位に　YOASOBI楽屋裏の仕掛け方」朝日新聞デジタル（二〇二四年七月二日）https://www.asahi.com/articles/ASS6W3K6SS6WULFA031M.html（二〇二四年八月一七日最終閲覧）
*9　もちろん、その後の楽曲「アイドル」の世界的なヒットにも、アテンションをキャッチする様々な仕掛けが関係している。二〇二三年の四月一二日に公開された「アイドル」は、約一か月後には一億回再生を記録。アメリカを除く楽曲チャートのBillboard Global Excl. U.S.で一位、YouTubeの楽曲チャートでも世界一位を獲得した。いずれも日本語楽曲として初めての快挙だったが、Netflixなどで世界配信されたアニメ「【推しの子】」のタイ

3　アテンションエコノミーをめぐる議論

洗脳社会論から評価経済論へ――岡田斗司夫

社会のあらゆる領域に浸透しているアテンションエコノミーを解読する上で、評論系インフルエンサーの岡田斗司夫を取り上げることにしたい。経営学者のダベンポートら（二〇〇五年）や起業家のベン・パー（二〇一六年）のような経営視点の議論は、ビジネス上の事例を具体的なまま総花的に紹介するに留まっているのに対して、岡田の議論には一定程度の抽象性があるだけでなく、彼が定期的に議論を手直ししているため、主張の変遷の中に考察の手がかりを見つけられるかもしれないからだ。

まず注目したいのは、一九九五年に出版された『ぼくたちの洗脳社会』である（岡田 一九九八）[*10]。マルチメディア環境が整う中で、人々の意見や解釈が爆発的に流通し、互いの価値観や世界観を他者に普及させることに努める社会が到来しつつあるとの見立てで書かれている。近代科学も含めてどの知識が特権的に正しいとは言えず、様々な世界観が競合している状況が念頭に置かれている。特定の世界観を普及させるプロセスは「洗脳」、それが常態化した社会は「洗脳社会」と呼ばれる。

洗脳社会は、各人が自由なものを信じる権利を持つ社会であり、従って、多様な価値観が許容される社会である。この相対主義的な社会状況を、「ポストモダン状況」と呼んでも構わない[*11]。このポストモダン的な洗脳社会の前史として岡田が描くのは、科学や貨幣など特定の基準を一元的に押しつける機構（＝モダンな「大きな物語」）が、マルチメディア環境によって揺らぐというストーリーである。

岡田が『ぼくたちの洗脳社会』を出版した時点では、ブログやSNSもなければ[12]、オンラインショッピングも存在していない[13]。そうした状況の違いがあるため、様々な問題や齟齬を抱えてはいるが、洗脳社会論が、アテンションエコノミーの構造とインフルエンサーの挙措をうまく捉えていることは間違いない。

インフルエンサーは、自身の影響力を用いてフォロワーが注目すべきテーマや商品、スタイルを指

アップ曲であり、楽曲公開後しばらくして英語版の「アイドル」が配信されるなど、人々のアテンションを捉える仕掛けがあった。

＊10 本書の紙書籍は絶版で電子版も販売されていないが、岡田自身の公式ウェブサイトで全文が公開されている。「『ぼくたちの洗脳社会』全文掲載」岡田斗司夫公式ブログ（二〇一〇年一月一一日）http://blog.livedoor.jp/okada_toshio/archives/51560970.html（二〇二四年八月一七日最終閲覧）

＊11 ここでの「ポストモダン」の用語法は、ポストモダンという言葉の多義性を整理した論考「ポストモダン再考——棲み分ける批評Ⅱ」に基づいている（東 二〇一一：二四-四九頁）

＊12 Bloggerのサービス開始は一九九九年（二〇〇三年にGoogleが買収）、楽天の日記サービス開始が二〇〇一年（現在の「楽天ブログ」）、はてなダイアリーのβ版の開始は二〇〇三年である。二〇〇四年にはmixi（β版）とFacebook（当時は学生専用サイト）、二〇〇六年にはTwitter（現在の「X」）、二〇〇七年にはTumblerがローンチされた。

＊13 楽天の創業（楽天市場の開設）が一九九七年、Yahoo! オークションの開始が一九九九年、Amazonの前進に当たる個人ショップcatabra.comの創業が一九九四年、Amazonの日本進出（Amazon.co.jp）が二〇〇〇年である。

示する。そのアカウントのフォロワーたちに「影響を与える（influence）」ことで、自身の価値観やスタイルで染め上げることを企図している。確かにこれは、一種の「洗脳」だと言えなくもない。そして、フォロワーはインフルエンサーを「推す」（＝応援する）ことで、インフルエンサーの影響力を増す活動、すなわち「洗脳」の支援にコミットしている。[*14]

それでも、捕虜への思想改造を語源とする「洗脳」というフレーズは強烈すぎて人々の心理を遠ざけたのか、広く人口に膾炙する言葉にはならなかった。[*15] 岡田自身もそう考えたようで、『ぼくたちの洗脳社会』以降に登場したブログやSNSなどのサービスを踏まえ、二〇一一年に洗脳社会論にマイナーチェンジを加えた「評価経済」論を展開した（岡田 二〇一一）。[*16]

岡田によると、貨幣経済という「お金」を直接稼ぐタイプの労働のあり方が旧来ずっと続いていたが、現在では「評価」を集中的に集めることで、金銭を稼がなくても生活が成り立ったり、評価を金銭に変えたりすることができるようになった。発信が容易になった現代では、評価を介してモノ・サービス・金銭までもが動いていく。このように、流通や分配の中核を「評価」が握っている経済のあり方を、岡田は「評価経済」と呼んだ。この説明を見ればわかる通り、評価経済とはアテンションエコノミーの別の名前だと言える。

二〇世紀後半、特定の世界観を全員が共有するべきだという考えが崩れたという認識をもとに、相対主義やポストモダニズムが流行した（東 二〇〇一）。時代を経てみれば、ポストモダンな相対主義は、インフルエンサーたちによる「評価」の勝ち取り合戦として現象しているように見える。この影響力のゲームに、疑似科学や陰謀論などの論点が付け加わっているため、事態はより複雑となっている（谷川ほか 二〇二三）。

この影響力の競争を、殺伐としたゲームとして捉える必要はないと岡田は考えているようだ。というのも、みながトップインフルエンサーを目指す必要はなく、あちこちで異なるタイプの「評価」を小さく稼ぎ、トータルで生計を成り立たせればよいと助言しているからだ（岡田 二〇一一）。抽象的

＊14 「洗脳」という言葉がピンとこなければ、機械的に「推し」に置き換えて理解して構わない。中山（二〇二一年）は、エンタメコンテンツが固定客に消費されるだけでなく、浮動層をつかむためには、インフルエンサーを介してファンダムを作り出し、「推し」の流れを作り出す必要があると論じている。ここには、確かに「洗脳」的ニュアンスが読み取れる。「推し」文化の功罪を多様な観点から当事者とともに論じた本としては、藤谷（二〇二四年）を参照のこと。

＊15 ただし、中国政府がインフルエンサーに規制をかけていることを思い出されたい。たとえば、二〇二三年一〇月三一日、テンセントやバイトダンスなどの中国最大手のSNSが五〇万人以上のフォロワーを持つユーザーに実名投稿を要請する通知を掲載した。また、同時期に微博のCEOは、一〇〇万人を超えるインフルエンサーには身元を明かすことが義務づけられるとコメントした。高フォロワー数による影響力の行使が、個人による「洗脳」なのだと考えた中国政府による規制の反映だと言える。次の記事を参照のこと。「中国、フォロワー50万人以上なら実名表示必要――インフルエンサー規制」Bloomberg（二〇二三年一一月一日）https://www.bloomberg.co.jp/news/articles/2023-11-01/S3E4OBT0AFB401（二〇二四年八月一七日最終閲覧）

＊16 ここで参照しているのはオリジナル版だが、二〇一四年に第三版が電子書籍のみで刊行されている（『評価経済社会・電子版プラス』株式会社ロケット）。本書のアイディアの先駆性は意義深いとしても、二つの観点から注意を促しておきたい。まず、先行する議論を踏まえたものというより、岡田独自の用語法に基づくアイディア集であって、用語としての汎用性は必ずしも高くないこと。そして、雑駁で怪しげな文明史に基づく、事実誤認の含まれた断言が散見されること。特に後者は危ういため、慎重な読解を勧めたい。なお、本論考では岡田の最良の部分のみを取り上げて論じている。

な社会変化をめぐる議論だけでなく、そういった〈競争を生き抜くためのノウハウ〉にも踏み込んでいるためか、評価経済論はビジネス系の読者にも恵まれ、いくつかの対談本を展開する反響も生まれた（山形&岡田 二〇一四、内田&岡田 二〇一五）。

評価経済を物理法則のように受け入れる態度

ただし、興味深いのはその後の彼の動向である。一方では、アニメや映画などの面白おかしい考察によって自身のアテンションを集めることにシフトしてインフルエンサーとしての影響力を高めつつ、他方で人間関係の乗りこなし方、悩みごとの解決についてのノウハウを提供することに相当な力を割いている（岡田 二〇一二、二〇二二）。[*17] ここでは後者に目を向けたい。この路線は、「評価経済」論で部分的に踏み込んでいた〈競争を生き抜くためのノウハウ〉を一層掘り下げるものだと言える。

手始めに、評価経済のサバイバル術と称される「いいひと戦略」を掘り下げよう（岡田 二〇一四）。SNSなどでは、フォロワー数、登録者数、再生回数、いいね数などの形で影響力が数値化される。これらは、いわば評価の可視化である。SNSを介して私たちができるのは、「イヤなひと」になる努力をやめて、「いいひと」に見える振る舞いを一貫して行うという広報戦略である。[*18] 実際に善人であるかどうかや、その定義論に踏み込まずに、自分を「いいひと」と認める他人を集め、それを数量的に可視化することで、SNS社会において「評価」という影響力を握ることができるというのだ。

良質なコンテンツ（商品や作品など）をより多くの人に届けるためには、その質を上げるだけでなく、それを届けるための「コミュニティ」と「キャラクター」を持つ必要があるとも指摘されている。つまり、自分を「いいひと」（善良なキャラクター）だと評価するコミュニティを形成することで、自分のコンテンツを他者に届けることができるというのが岡田の考えなのだ。

以上の紹介を見れば、岡田が明らかに議論の軸をズラしていることがわかる。『ぼくたちの洗脳社会』や『評価経済社会』では、〈多様な価値観が並列的に存在し、そのどれを採用すべきかをめぐる影響を互いに与え合う〉というアテンションエコノミーの構図が成立した経緯や、その内実の解読に紙幅の大半が割かれていた（岡田 一九九五、二〇一一）。それに対して、『「いいひと」戦略』では、そうした叙述は最初の一章に留まり、それ以降はアテンションエコノミー自体を所与として受け入れた上で、そのゲームをどう効率よく戦うかというノウハウ提供に大半の紙幅が割かれている（岡田 二〇一四）。

評価経済の解読や歴史叙述は、その経済のあり方の全体を俯瞰的に捉えようとする営為だ。従って、それに対する批評性や反省性を呼び起こすことにつながる。しかし、『「いいひと」戦略』以降の岡田

＊17 電子書籍で「悩みのるつぼ」という短いシリーズを二〇一三年から二〇一五年にかけて七冊刊行している。また、悩み相談動画（特に公式による切り抜き再投稿）は YouTube でも人気であり、一〇〇万回以上再生されている動画も多数ある。なお、切り抜き動画（テロップ付きで短く再編集した動画）を岡田は奨励しており、非公式のものも多数ある

＊18 このキャラづくりは、以下の六つのステップで進むとされる。「フォローする」「共感する」「褒める」「手伝う・助ける・応援する」「教える」「貨幣経済から抜け出す」。大企業や行政など特定の組織のものだった「広報（PR）」や「ブランディング」が、個々人の日常にまで降りてきていることに注意されたい。

において、評価経済を相対化する契機は鳴りを潜め、自然的なものとして前提されていく。その際、具体的に取り組むのは、先にも見た二系統のである。第一に、アニメやSF作品を膨大に鑑賞した経験やアニメプロデューサーだった経歴を活用しながら、アニメや映画などの設定や表現を深読みすることで自身の影響力を上げること（考察系動画）。第二に、評価経済でトラブルや苦痛を味わう人々への具体的な助言をすること（ノウハウ系動画）。

第一の考察系は、評価経済において一種の有用性を示すことで自身の「評価」を高めるための戦略であり、第二のノウハウ系は、評価経済を生き延びるライフハックの提供である。いずれの動画でも、評価経済そのものは前提として疑われることがない。物理法則のように自然的に受け入れているのである。実際、いずれの系統の動画も、そしてそれらを再編集した動画も、岡田による有料オンラインサロンへの導線となっており、岡田が複数の戦略で「評価」の囲い込みに取り組んでいることがうかがえる。結局のところ、インフルエンサーとしての影響力を上げることに力を注いでいるのだ。

岡田は、プラットフォームの「評価」システムの考察に力を注いでいた。しかし、ニコニコ動画やYouTubeなどのレーティングに左右される中で、インフルエンサーとして順応し、そのシステムを所与として受け入れるようになった。「この評価経済とは何か」「なぜこうなったのか」という批評家的な視点から、「このシステムを使って評価経済をどう器用に生きるか」という批評性のないプレイヤー的な視点への移行[*19]。「ノウハウ」や「サバイバル術」という発想が順応を前提とするため、ゲームルールへの無批判性をもたらすのである（同様の議論が岡田に限らず、ノウハウの提供を謳うビジネス書にも当てはまるだろう）。

4　プラットフォームという視点

スルネックのプラットフォーム経済論

アテンションエコノミーという特定の経済文化を所与として、つまり不動で不変のものとして受け入れてしまうと、世界や自分を別様に思い描きにくくなる。この問題は、アクセスできる可能性の幅が狭まり、想像力に死角が生まれることにあるというより、そもそもありうる別の未来を想像する習慣が失われてしまうことにある。それが批評的な視点を失うことの最大のリスクである。

岡田斗司夫のように、自分を取り巻く環境に対する批評的な視点を失わずにいるにはどうすればいいのだろうか。その問いに答えるのには時間がかかるけれども、考えを深めるとっかかりは、評価経済を成立させているインフラ、つまり「プラットフォーム」に注目することにある。以下では、プラットフォーム経済（プラットフォーム資本主義）に照準を合わせて議論を深めていこう。

本論考では、ちょうど岡田が反省的な視点を失った前後の二〇一六年に（原著が）出版された、経

＊19　二〇二四年のインタビューの中で、岡田は、批評的な視点は一九九五年の著作で書き終え、後は時代がそれをなぞるかどうかを「答え合わせ」するだけだったと振り返っている。つまり、もう批評的な視点に立ち、状況を理論的に言語化する必要はなくなったということであり、本論考の議論と整合的である。「【岡田斗司夫 vs 後藤達也】ひろゆきとホリエモンも尊敬！価値観が変わる『評価経済社会』とは【緊急出演】」https://youtu.be/oHDV4qfKJSw?si=LS06DzfNS86Ca1OA（二〇二四年八月一七日最終閲覧）

済史家のニック・スルネックによる『プラットフォーム資本主義』に注目することから始めたい（スルネック 二〇二二）。データを中心とする経済のあり方を、「プラットフォーム」の観点から批評的に検討した本である。同書に基づいてプラットフォーム経済のありようを検討していくことで、批評的な視点を確保するための処方箋を提示する下準備をしていく。

プラットフォーム企業は、関連サービスを含めてユーザーを囲い込み、「サイロ化」する（＝他部門との連携を切断し、孤立させる）。サービスのスケールアップや他領域への拡張が競争上の優位を生み出すわけではないとき、「ユーザーとデータを様々な手段で囲い込んでプラットフォームと結びつけてしまうというアプローチがとられる。たとえば、サービスへの依存度を高めること、他の手段を使わせないようにすること、あるいはデータを移植不可能にすること、などがあげられる」（同前：一三一頁）[*20]。

ユーザーが多ければ多いほど便益が高くなるという「ネットワーク外部性」（ネットワーク効果）を活用したアプローチである。たとえば投稿者を多数集めている動画プラットフォームなら、視聴者もそれだけ多様なニーズを満たすことが期待できる。そのプラットフォームに一定の満足を抱くことができるなら、人々のアテンションを集める代替プラットフォームがほかに存在しない限り、乗り換える理由もメリットもない。

それぞれのプラットフォームに数億人単位のユーザーを抱えているＩＴ企業もあり、それらは「ビッグテック」「テックジャイアンツ」などと呼ばれている。私たちはビッグテックにいやおうなく囲い込まれ、その外側でサービスを使うことすら想像しづらくなっている。私自身、この原稿はAIphabet（Google）のメールで依頼を受け、Microsoft の Word で書いているし、必要な文献の一部は Amazon で買い、Zoom で打ち合わせをした。こうした事態を前にスルネックが強調するのは、この独占状態が一種の「支配形態」の導入であるということだ。「評価」（レーティング）を備えたソーシャルメディアに人々が依存することで、ユーザーや労働者の振る舞い方が「評価」に規制されるようになり、そうした評価に際しては、既存の権力関係を反映したバイアス（たとえば人種やジェンダーの偏見）が温存されている。このようにして、二重の支配形態――プラットフォームの評価への従属と、偏見への従属――が導入される。アテンションエコノミーの普及に伴って、「隅々まで行き渡る監視の地平」が入りこんだのである（同前：九一-四頁）。

Uber の「不透明な監視システム」

「隅々まで行き渡る監視の地平」についてもう一歩踏み込んで考えるために、社会学者アレックス・ローゼンブラットのフィールドワーク研究を参照することにしたい（ローゼンブラット 二〇一

*20　スルネック（二〇二二：一三一頁）がサイロ化の具体例として挙げるのは次の二つ。Apple が自社のサービスやデバイスが高度に連携し合っているのに対して、他社のものには閉鎖的であることが大半であること、さらに、Facebook の各人の投稿が Google の検索システムにヒットしないようにしていること。彼の念頭にあった事例ではないが、Microsoft の「ハロウィン文書」（一九九九年から二〇〇四年にかけてリークされた Microsoft 社の基本戦略を記した内部文書）は、ソフトウェアにおける寡占状態（＝サイロ化）を掲げていたことが思い出される。尾原（二〇二二：一〇六-一一〇頁）は、Microsoft がサイロ化戦略から転換し、現在は調和を目指す方針になったと牧歌的に語っているが、スルネックの議論を踏まえるなら、それは見かけ上のものにすぎない。

九)。これは、ライドシェアアプリUberのフィールドワークを行った北米の研究であり、プラットフォームと「監視」の問題も論じられているからだ。

「乗客は次のようなドライバーに最高のレーティングをつけます」などの表題で、Uberは、運転手に期待される行動を示した長いリストをしばしば通知する(同前:二一九-二二〇頁)。これは、採用してもしなくてもいい提案ではない。低いレーティングのついた運転手は、自分のアカウントが保留ないし解約されることもあるからだ。つまり、Uberの通知は評価に直結しており、従って、こうした指導が実質的な規制として機能している。

Uberは、通知のような直接的な手法以外のやり方でもドライバーの行動を管理しようとしている。具体的には、評価を用いた管理である。Uberは、「レーティング、配車受付率、キャンセル率、オンライン時間、乗車数、他のドライバーとの比較(ドライバーの個人的レーティングをトップドライバーのレーティングと比較するなど)といったパーソナライズされた数字の組み合わせを記録」している。そうしたデータをもとに、「ドライバーに短期的なナッジ[*21]を送信するだけでなく、Uberは週間実績指標によって長期的な実績管理も行っている」(同前:二一八-二一九頁)。

その管理を外れたときには、アカウントの保留ないし解約のリスクを負うことになる。しかも、Uberが提供する管理は一元的な管理ではなく、蓄積されたデータに基づいてパーソナライズされた管理である。アルゴリズム上司は、ユーザーごとに違った条件を提示することで、「不透明なシステム」を介した「監視」を行っている(同前:二一九頁)。このように、規制や管理が個々人やタイミングで異なった形で設定されるため、ユーザーは、「不透明なシステム」下で競争せざるをえない。

待遇や管理のあり方が個々人で異なっているため、その不安を仲間と共有し、連帯することにもハードルが生まれかねない。

5　プラットフォームによる、ユーザーのソフトな「管理」

心にまで管理の手を伸ばす――「いい人」と感情管理

Uber は、運転手の心にも管理の手を伸ばしている。乗客は、運転手と企業（Uber）を区別せずに評価するため、運転手は乗客からの評価が下がらないように行為することになる。結果として、ドライバーが（自分自身だけでなく）Uber と乗客の関係性をケアしたくなるように促すようなサービスデザインがなされているのである。

「低いレーティングとアカウント停止を恐れるこうしたドライバーは、Uber で働くときに限り、不満そうな乗客に対しても極力『いい人』でいようとする」とローゼンプラットは指摘している（同前：二二二頁）。一見すると、岡田の「いいひと戦略」を思い出させられる。この戦略は個々人がプラットフォーム上で採用すべきノウハウだった。しかし、そうした戦略が全体として有効であること

＊21　強制やインセンティヴ設計によらず、自然と行動を促す手法を「ナッジ」と呼ぶことがある。キャス・サンスティーンら行動経済学者が使ったメタファーで、元々は「軽く小突く」ことを指す英単語である。詳細は、セイラーら（二〇二二）の議論と、この発想を思想的に検討した那須&橋本（二〇二〇）、谷川ほか（二〇二二）を参照のこと。

をあらかじめ了解しているプラットフォーム側が、ユーザーとしての労働者を「いい人」に見えるよう行動するようナッジし、自企業への好印象へとつなげようとしている点で、事態はより先鋭化している。

この「いい人」には特定の規則があり、ドライバーはその規則に沿って、行動はもちろん自身の感情を管理するよう自発性を刺激される。その場にふさわしいとされる感情規則に従って自分の感情をコントロールする労働は、「感情労働」と呼ばれるが（ホックシールド 二〇〇〇）、プラットフォームを利用する人々は、まさにこの種の活動を強いられている。[*22]

ただし、すでに指摘しているように労働者はある種のユーザーであり、実際、プラットフォーム側は、自分たちがサービス業であって、これらの人々と雇用関係にないとの立場をしばしば表明している。そのため、ここで起きている感情労働的な事態を、素直には「労働」とは呼びがたい。[*23] もちろんそう呼ぶことは不可能ではないが、意味が変化していることには自覚的である方がいい。

ホックシールド自身は、公的に観察可能で賃金と引き換えになるものとしての「感情労働」と対比される形で、人格や内面のレベルで生じる私的な「感情管理」という言葉を提案している（同前：七頁注2）。「労働－公的／内面－私的」という対比が構築されていることを踏まえ、プラットフォームユーザーとしての労働者が行っている感情にかかわる作業を指すために、直接的に賃金との交換が成立するような交換価値よりも、本人にとっての使用価値が強調されている「感情管理（emotion management）」という言葉の方を採用したい。この言葉には、自分が自分の感情の管理者を務めているという個人的な意味合いがあり、それゆえ私的で消費者的なニュアンスを託すことができる。そのことは、プラットフォーム経済において曖昧化した労働（ひいては公私）のあり方を語るのにかえって有用である。

DiDi（ディディ／滴滴出行）というライドシェアサービス企業に関する面白いエピソードがある。あるドライバーは、レーティングを上げていく努力の結果、「家族から優しくなったといわれる」とインタビューで答えている（尾原 二〇二〇：四九頁）。家庭に波及するほどの人格陶冶がアルゴリズムにナッジされた「感情管理」によって実現されるわけだ。[*24] これは起業家で著述家の尾原和啓が紹介しているもので、彼はこれを個々人に最適化されたサービスの美点として捉えている。

だが、これは単純化されすぎた見方だ。商業化された感情管理が前景化すると、「自己と感情、あるいは自己と演技のずれを何とかうまく管理する、という課題」が「一般的なストレスの原因」とな

＊22　ただし、同じ振る舞いをしても「いい人」という好印象につながるかどうかは別であり、その感情を受け取り評価する側に、人種やジェンダーなどのバイアスがかかっていることに注意する必要がある。

＊23　国と地域によって異なるが、アメリカなどのライドシェアアプリ企業は、運送業ではないとの立場を堅持している（EUや日本はその限りではない）。販売手数料をとるプラットフォーム、広告料の一部を収益として分配する配信・動画系のプラットフォームなども、基本的に同様の構造を持つ（人々を被雇用者ではなく、ユーザーとして扱う）と考えれば、本文で論じていることを「ライドシェアアプリ」という特定ジャンルにだけ該当する話として理解する必要はなくなる。

＊24　「このようにして生まれた感情にかかわる営利上の約束事は、循環し、やがて人々の私的生活にも影響を与えるようになる。今や感情生活は、新たな管理体制の下にあるのかもしれない」とホックシールド自身も指摘している（ホックシールド 二〇〇〇：一八四頁）。本書が刊行された時点で彼女が念頭に置いていたメディア環境はテレビくらいのものであることに注意は必要だが、応用を許容する書き方になっている。

り、人々を苛むとホックシールドは指摘している（ホックシールド 二〇二〇：一五二頁）。重要なのは、感情管理を課されることで、自分の心の一部を異質なものとして感じるような自己疎外のリスクを負うということだ（同前：七-八頁）。尾原やプラットフォーム企業は、こうしたダークサイドを看過している。ドライバーは乗客に「いい人」を見せようと努めることで心を擦り減らすかもしれないが、プラットフォーム企業はそれからメリットを得られる上に、雇用関係にないため知ったことではない。労働するユーザーの環境を改善するインセンティヴがないのだ。

アントレプレナーシップの夢を提示するUber

感情管理の促進には、ペナルティ（アカウント停止や解約）による脅しだけでなく、運転手のアントレプレナーシップを呼び起こすストーリーテリングも用いられる。Uberの労働には、自分の運命を自分で切り開く情熱的で自由なイメージが付与されている。「Uberが真に輝くのは、レトリックの力を利用して、そのシェアリング・テクノロジーがすべての人にアントレプレナーシップ（起業家精神）を生みだすことができると言い張るときだ」とローゼンブラットは語る（ローゼンブラット 二〇一九：一一九頁）。要するに、システムだけでなく、ストーリーによっても運転手は管理されており、よりよい査定のために自発的に試行錯誤するよう管理されている。

しかし、Uberが語るアントレプレナーシップの夢は、実行しようとした矢先に挫折を余儀なくされるともローゼンブラットは述べている。三つの大きな挫折を繰り返し経験することになるからだ。①Uberのシステムを撹乱するほどの自発性にはペナルティのリスクがあり、②仕事のレート（歩合）

を自分でコントロールできず、③ログインしている間はどの仕事を引き受けるかを決めることができない（同前：一二一頁）。

こうした挫折に直面するたびに、運転手は、自分の仕事への主導権を持たないことに気づかされる。しかし、ほかに選ぶべき仕事が見つからない場合、この仕事をせざるをえない。その状況でモチベーションを失わずにいるには、空虚だと知りながらも、Uberの語る「アントレプレナーシップの夢」にすがり続けるほかない。これは、情熱を注いで自発的に試行錯誤するに値する自由な仕事であり、アルゴリズム上司はベストな環境ではないかもしれないが、それでも、自分の働き次第ではもっと躍進することができるに違いないと信じるほかないのだ*25。

起業家のように状況を自分自身で切り開くには、個人の決断力や独断性のようなものが必要になることもある。他方で、こうしたサービスが提供するストーリーの中でのアントレプレナーシップは、「いい人」であることとセットになっている。つまり、人当たりがよく社交的で笑顔を絶やさず、人を批判するような言葉を避けがちで、政治や宗教、スポーツなどの党派的な対立のある話題には踏み込まないか、微温的なことしか口にしない（岡田 二〇一一ほか）。だが、そうした対立を避ける「いい人」のメンタリティが、対立や衝突がありうる状況での決断や評価が求められるアントレプレナー的な姿勢と必ずしも相性がいいわけではない。ここにも、ユーザー＝労働者がストレスや葛藤の要因となる矛盾がある。これらの指摘は、もちろんUberだけでなく、Instagram、TikTok、YouTubeな

＊25　ライドシェアサービスの運営企業は、あくまでも〈ユーザー（運転手）が乗客との関係をケアすることは、ユーザー自身の自己実現や自己陶冶につながる〉というストーリーを提示したがっている。

どにも当てはまる。

監視資本主義と「予測商品」の生成

こうした管理の前提として、プラットフォームが巨大なデータ収集機構でもあることに注目する必要があるだろう。Uber の場合、二種類の利用者――ライドシェアの乗客と運転手――の行動データを収集している。これはライドシェアに限定された話ではない。たとえば、個人や企業にECショップを開設することを可能にするBASEや楽天、Amazonなどのプラットフォームもまた、購買者と出店者という形で二種類のユーザーを持っている。一見すると前者こそが「ユーザー」で、後者は「労働者」だと思われるかもしれないが、プラットフォーム側からすれば、いずれも雇用関係にない「ユーザー」であり、違ったタイプのデータを生み出してくれる存在なのだ。

企業側は、二種類のユーザーから収集したデータを解析して何らかの予測を引き出し、それをサービス最適化のために活用するか、取引企業にマーケティングや広告に使える予測製品として販売する。[*26] 原理的には、より多くの情報を集めれば集めるほど、より精度の高い予測が可能になる。それゆえ、Uber の二種類の利用者たちは、プラットフォームに依存すればするほど、Uber による Uber のための最適化に手を貸している。ユーザーは自身が利益を享受しているつもりで、Uber の利益を最大化するための部品として、自分を含む個々の利用者がどう動かせばいいか、どうナッジすればいいかを予測するための情報を提供していることになるのだ。

データ収集という形の「監視」が、予測という製品を生み出すことで価値を生産する経済のあり方を、ショシャナ・ズボフは「監視資本主義」と呼んでいる（ズボフ 二〇二一）。これは、アテンションエコノミーやプラットフォーム経済と呼んできたものの別の側面を取り上げた呼び名である。もちろん、プラットフォーム上で収集された予測商品を生成する「監視資本主義」的な働きは、Uber のように明確な金銭的やりとりがあるタイプのサービスに限定されない。Gmail、Google Drive、Instagram、Facebook、TikTok、Amazon、Netflix などのあらゆるプラットフォームが、監視資本主義の一翼を担っている。

この種の議論の先駆となっているのは、哲学者のジル・ドゥルーズが一九九〇年に提示した管理社会論である（ドゥルーズ 二〇〇七：三五六-三六六頁）。彼は、一八世紀と一九世紀を「規律社会」と位置づけるミシェル・フーコーから議論を始める。ここで言う「規律」とは、学校・家族・工場・兵舎・病院・監獄などの大々的な「監禁」により、そこに閉じ込められた人々に対して時空間を秩序づけることであり、現代社会は、こうした規律的な社会のモードから変化していると指摘された。ドゥルーズは、ウィリアム・バロウズという小説家の「コントロール」概念に着想を得ながら、現代が（規律社会というより）「管理社会」であるとのアイディアを提示している。[*27] これまでの議論は、

*26 マイクロターゲティングやリターゲティングと呼ばれる広告手法が、予測製品のよくある活用法だと思われる。特定の属性に照準を合わせて広告が展開されるようにする手法、そして、一度関心があると思われる行動をしたユーザーに再度同様の広告を見せる手法をそれぞれ指している。

*27 バロウズの管理概念については、次のテクストを参照のこと。木澤佐登志「1 コントロールという敵――バロウズの愛したキツネザルたち」（連載「Beautiful Harmony」）SCRAP BOOK（晶文社）http://s-scrap.com/3033#_ftnref7（二〇二四年八月一七日最終閲覧）

ドゥルーズが萌芽的に指摘した議論を肉付けするものだったと言える。
プラットフォーム企業がユーザーに行っていることを、バロウズやドゥルーズは「コントロール／管理」と呼び、スルネックは「支配」と呼び、ローゼンブラットやズボフは「監視」と呼んでいる。ただしその実態は、これらのフレーズが連想させるような、特定少数の権力者（ビッグブラザー）による規律的な統制や規制とは異なっている。ウェブプラットフォームは、個人に紐づいたデータをそのまま活用するのではなく、データを加工して「あなたのような人」についての予測を生み出しているからだ。[*28]
哲学者の東浩紀は、このことを羊毛の喩えで説明している。

人間という羊が、個人情報という羊毛を人工知能に提供する。その羊毛から予測製品という布がつくられる。そこでのグーグルは、いわば、羊牧場と繊維工場をともに経営している資本家である。プラットフォームという牧場を開き、無料を餌に人間という羊を集め、サービスの柵のなかに囲い込んでいる。そして個人情報という羊毛を集め、それを加工して人工知能という繊維工場に送り、布をつくって販売している。集められた羊毛に羊の固有性は保存されていない。だから〔素朴な意味では〕プライバシーが侵害されることもない。そこではぼくの羊毛もあなたの羊毛も、すべて融合し、一枚の布になる。（東 二〇二三：二五〇頁）

プラットフォーム経済は、旧来的な「監視」や「支配」の想像力では把握できない。こうした知識を踏まえてようやく、岡田についての議論の末尾で掲げた問いを実際に問うことができる。私たちは、この不透明な監視システムやアテンションエコノミーに、どうやって批評的に関わることができるのだろうか。

6　プラットフォーム経済にどう抵抗するか

「政治的解決」、そして「規約の改善」というアプローチ

ここでは四つの方法を示しておきたい。制度に対する批評的なアプローチを二つと、幾分か抽象的だが生活に応用できる批評的なアプローチを二つである。

第一に、ズボフの提案する政治的なアプローチである。監視資本主義は、「人間の作り出した現象であり、政治的領域においてそれに取り組むべきである」とズボフは論じている。そうした対処の一

＊28　「データとは新しい石油だ」と指摘する哲学者のマルクス・ガブリエルは、ユーザーが「報酬ゼロの労働」を行っており、プラットフォーム企業に搾取されていると主張する（丸山ほか 二〇二〇：二八-四一頁）。これは、本論考が使ってきたのとは違う意味で「労働」概念を再定義している議論だが、彼の議論も単純すぎてプラットフォーム経済の実情に見合っていない。石油の比喩を使うなら、私たちは油田を生み出しこそすれ、それを石油として採掘したり、それを精製したりはしていないことに留意すべきだろう。油田の発生を「労働」と呼ぶのは無理があるし、私たちを石油が生じる自然的な過程になぞらえることにも無理がある。ただしガブリエルは、ユーザーの搾取よりも、SNSが不一致を調整なきまま顕在化させ、対立させ、民主主義を損なうところに一層大きな問題を見ている（同前：四一-四四頁）。

例として、彼女は（この試みが成功するかどうかは時間が経たなければわからないと留保しながらも）ＥＵで施行されたデータ管理とプライバシーに関する法律「ＧＤＰＲ（一般データ保護規則）」に好意的に言及している。[*29]

こうした制度的レベルでの改善は、今とは違う可能性に対する想像に支えられているため、プラットフォームへの批評性を担保することができる。そしてこの関わり方は、どちらのユーザーにとっても有効なものでありうる。

第二に、規約と同意の問題へのアプローチである。プラットフォーム企業側でも、ユーザーがサービス規約を実際には読んでいない（読まずに同意ボタンを押している）ことを把握しており、これへの対処として実質的な対応を行う動きがしばしば出てきている。特にゲーム実況（プレイの様子を動画や配信で公開すること）や二次創作（元作品に触発されてファンが自発的に関連作品を制作すること）のような形で、作品が利用されることを見込んでいるコンテンツの中には、利用規約をユーザーとのコミュニケーションツールと考え、法的な語彙を翻訳してユーザーに意図を伝えるべく言葉を費やす事例もある。[*30] また、情報を表示して形式的な同意をとる現在のアプローチを批判して、実質的な同意を模索する試みも存在する（谷川ほか 二〇二三、ベン＝シャハー&シュナイダー 二〇二二）。これらは、規約を作成する企業の側が、何のための規約なのかを反省的に捉える視点をもたらす方法であり、二種類のユーザーどちらにも適合するアプローチである。

さらに、ユーザー側からの利用規約へのアプローチとしては、メディア研究者の水越伸・勝野正博による「声に出して読む利用規約」という試みがある（水嶋ほか編 二〇二三：一一章）。具体的には、プラットフォームが提示する規約を声に出すことで、日常語としては不可解な箇所や理解の通らない箇所に出会い、その部分を理解するために規約の原語を表示して翻訳し直す場合もあるだろう。これは音読によって、素通りしたくなる煩雑な規約を、読み解くべき文章として捉え直す試みである。文章を音にすることで、規約や同意の意味が変わっていくのだ。これは、消費者・労働者の別なく、ユーザー側に規約の背景や意図を反省的に捉えさせる方法だと言える。

「制作」というアプローチ

前節では、政治的・制度的に規制や法改正を進めるものと、規約に対する企業側・ユーザー側からのアプローチを紹介した。それに対して以下では、そうした実効ある制度寄りの処方箋とは方向性の違う、いくらか抽象的な指針を二つ掲げる。

＊29 "'The goal is to automate us': welcome to the age of surveillance capitalism" The Guardian, 20 Jan 2019 https://www.theguardian.com/technology/2019/jan/20/shoshana-zuboff-age-of-surveillance-capitalism-google-facebook（二〇二四年八月一七日最終閲覧）データの「所有権」をめぐる法的な概念整備、あるいは、独占禁止法の適用可能性などにも言及しているが、これらにはあまり見込みがないのではないかとズボフは考えている。

＊30 コンテンツビジネスに通じている弁護士の水野祐と前野孝太朗が利用規約や同意について解説する下記の動画を参照のこと。「【弁護士が回答】マイクラの作品に著作権は発生しますか？／ゲームさんぽ×シティライツ法律事務所」ゲームさんぽ／よそ見 https://youtu.be/y2bWTvqfMro?si=Khzaq0xB1BvVO9co 「【オタク大歓喜】スーパーマリオ64な世界で読む任天堂の配信ガイドライン＆ Cyberpunk 2077 の同意書」ゲームさんぽ／よそ見 https://youtu.be/00OyZw9zCh4?si=kDOM-vHgELgclr4I（いずれも二〇二四年八月一七日最終閲覧）

第一に、制作するという処方箋である。情報学者のドミニク・チェンは、情報社会を読み解く手段として「制作」を擁護している。彼は、「問題があると感じたり考えたりする既存の仕組みに代替する情報システムを自分でつくる」ことを提案した（チェン 二〇一五：五三頁）。ウェブサービスの改善案を想像して紙上にペンで書き込みながら試作するペーパープロトタイピングでも構わない。何であれ、気にかかっているサービスの代替物を実際に制作してみることで、批判対象の構造と機能についての理解が深まり、代替案の見通しを具体的に立てやすくなる（同前：五三–六三頁）。

制作を通して、モノに対する深い理解と批評性が得られるということだ。言葉による批評だけでなく、作ることによる批評が重要なのは、この文脈での制作は、改善提案ベースなので、当事者として「問題」と関わることができるところにあるとされる（同前：六三頁）。興味深いことに、そこでチェンの念頭にある「問題」は、評価経済に関わる課題に明らかに集中している。

ドミニク・チェンの制作論につなげたいのは、政治学者の山本圭による制作論である。山本は、SNSがもたらす評価経済では「嫉妬」が増幅されるという趣旨の議論をしたうえで、哲学者の三木清を参照しつつ「物作りには嫉妬心を弱める力がある」と示唆している（山本 二〇二四：二四一–二四三頁）。三木（二〇一七：八三頁）によると、嫉妬心をなくすためには自信を持つ必要があるが、物作りを通して小さな目に見える達成を重ねることで、適度な自信を得ることができる。だから、物作りは嫉妬に効く。

チェンの議論が、メディア環境を疑似的に作ることで解読するという、直接的にプラットフォームを解剖するやり方だったのに対して、山本の議論は、そうしたプラットフォームが立ち上げた評価経済の文化的規範を進んで内面化してしまったユーザーの人格や内面に訴える議論をしていると位置づけることができる。アテンションエコノミーから距離を取るために、自ら工夫をしなければならないほど、私たちはほとんど自動的に他者評価や見られ方を気にするし、自分の影響力が他者より優れているか劣っているか（＝嫉妬）を気にしてしまう。そういう嫉妬の隘路に落ちないために、評価や注目とは違う領域で自己を再編成することを期待するのが、三木・山本の議論だったのである。

プラットフォームそのものを対象とするか、そこで踊らされている自分たち自身を対象としているかという違いはあるにせよ、他者の集合的な評価（アテンションエコノミー）の問題に取り組み、批評的な視点を得るために「制作」に期待する議論が複数筋から提示されている。アテンションエコノミーが引き起こす問題への対策として、共通して「制作」が見出されている。

特に山本・三木の路線での議論が同時期に散発的に出ていることを指摘しておきたい。何かを作る・育てる「趣味」（つまり制作や創作）が、アテンションエコノミーに抗する自己の形成につながるという『スマホ時代の哲学』（谷川 二〇二二）、さらに、「相互評価ゲーム」（アテンションエコノミー）に対置する形で「制作」を擁護する宇野常寛の議論（宇野 二〇二二、二〇二三）などである。

「怠惰・無為」というアプローチ

第二に、何もしないこと。行動データの生成に貢献したり、評価経済を忘れたりするために、「怠惰」や「無為」を肯定するという路線はありうる。多忙な暮らし方、つまり、ニーチェが批判した「がむしゃらに働く」ことから距離を置くのだ。実際、アーティストのジェニー・オデルは、アテンションエコノミーへの抵抗の手段として、バラ園で過ごす時間のような意味のない「無為」を持ち出し（オデル 二〇二三）、濁流のように流れていく情報を見逃す必要性（necessity of missing out）すら訴えている。[*31]

生産性からほど遠いだらしなさについて書かれた、作家の梅崎春生による『怠惰の美徳』が二〇一八年になって急に文庫化され（梅崎 二〇一八）、他者だけでなく自己も搾取する社会構造から距離を置くために疲労や無為に注目した研究が翻訳され（ハン 二〇二一）、そして、生産性や効率性とは異なる領域として修道院にまで取材対象を広げながら多忙文化や労働中心主義から距離を置く方法について模索したバーンアウト研究が翻訳された（マレシック 二〇二三）。

こうした動向は、激務や多忙とは全く異なる領域としての「怠惰」や「無為」を取り戻したいというニーズの反映なのかもしれない。[*32] 少なくとも、アテンションエコノミーが前提とする「能力主義」や「生産性の論理」に対抗する言説が、各所で生まれているのは間違いない（Sandel 2020、プライス 二〇二四、勅使河原 二〇二四）。[*33] その対抗言説として、怠惰や無為が力を持つのは不思議ではない。

興味深いことに、ニーチェも冒頭に示した引用の続きで、強いて行動せずに待つこと、つまり、無為や怠惰の可能性を指摘している。「君たちが人生をもっと信じていたなら、瞬間に身を任せることはもっと少ないだろう。だが、君たちは、待つに値する内容をみずからのうちに持ちあわせていない——だから、怠け者にすらなれないのだ」（ニーチェ 二〇二三：七七頁）。[*34]「怠惰」や「無為」という言葉が強すぎるなら、じっと待つことと言い換えても構わない。つまり、瞬間的な刺激の快楽に身を任せずにいるということだ。せわしなさを誇るスマホ時代から身を引き剥がすことになるので、無為や怠惰、待機は、状況を相対化する上で有効である。

7　これまでにわかったこと——プラットフォームの時代を生きるには？

これまでの議論をまとめておこう。「忙しい日常」や「激務」批判から話を始めた。「情報の濁流」と呼ばれるほど膨大な刺激に取り囲まれた私たちは、せわしなく一つの刺激から別の刺激へと移動し

＊31　アテンションエコノミーでは、ＦＯＭＯ（見逃すことの不安）が増大するということを裏返して、ジェニー・オデルはＮＯＭＯ（見逃すことの必要性）を訴えている。"The necessity of missing out" France 24 English, May 20, 2021 https://youtu.be/flQSS37TMCw?si=GM-xygUweIbb5Eek（二〇二四年八月一七日最終閲覧）

＊32　三宅（二〇二四）は、ハン（二〇二一）やマレシック（二〇二三年）の文献を参照した議論を終盤で構築しており、全身全霊で働く労働や行動中心の社会において、（全身ではなく）半身で働くことで、予測不可能なものを伴う読書のような文化を楽しむ余白を導入することを提言している。そこでは、怠惰や無為を積極的に押し出しされるわけではないものの、評価のために「がむしゃらに働く」あり方への批判的視点がある点で、この流れで挙げるにふさわしい内容を持っている。

＊33　メリトクラシーを「功績主義」と訳すべきだとの提案もあるが、検索性を優先して、よく流通している（サンデルや勅使河原の書籍にも使われている）「能力主義」の言葉を採用している。

＊34　評価経済の問題点は嫉妬だけではないし、本章は嫉妬を論じてきたわけではないが、政治学者の山本圭も『嫉妬論』で無為に注目している。「身も蓋もないと言われてしまいそうだ」としながらも、「何もしないこと」だけが、嫉妬をもたらす「比較」から私たちを遠ざける見込みを持つのではないか、と（山本 二〇二四：二四一―二四三頁）。

ている。この状況を理解するために、アテンションエコノミーとインフルエンサーという言葉を導入した。情報の質や中身よりも、人々の注意がどの情報に集中するかということが価値を持つ経済文化を指している。

私たちがアテンションエコノミーとどう付き合っているかを理解するために、いち早くその到来を察知した評論系インフルエンサーの岡田斗司夫に注目した。彼は「評価経済」などの言葉を用いながら、アテンションエコノミーの到来やその構造について詳しく論じていたが、ある時期からは、アテンションの集め方のノウハウ（評価経済のサバイバル術）へと語りをシフトしていく。

これは、プラットフォーム資本主義の成立時期、つまり、現代人が特定少数のプラットフォームに依存した時期と重なっている。だが、岡田のような視点では、プラットフォームを変更しえない所与とみなす無批判性を免れない。プラットフォームに対する批評的な視点をインストールするにはどうすればいいのだろうか。

まずUberを例に、不透明な管理システムの実情を検討し直した。そこで検討の対象になったのは、レーティング（評価）、通知やペナルティによる誘導、予測製品を生み出すためのデータ収集である。ショシャナ・ズボフは、膨大なデータを収集し、それに基づいて予測を産出して価値を生み出す経済文化を「監視資本主義」と呼んでいる。

この状況に対する処方箋を本章では四つ掲げた。政治的対処、規約の翻訳や音読、制作、怠惰や無為である。社会や文化が複雑である以上、何か一つのアプローチを採用すれば、目下の問題群が万事解決するという単純な話にはならない。[*35] 一つのアプローチではどうにもならないが、これらを適宜組み合わせることこそが大事なのだろう。

実践ということを考える上で、怠惰・無為というアイディアは幾分か抽象的であることは否めない。以下では、プラットフォーム経済で生まれる別の問題を検討していくことで、結果として、怠惰や無為を実践として具体化するような議論を進めることにしたい。冒頭で語った「第二の論点」である。

8　レーティングによって変わる「出会い」の意味

集合的なレーティングは、「出会い」を変えた

これまでの議論は、プラットフォーム経済において労働者がユーザーとして扱われるという状況を中心に議論を進めていた。そこで取り扱いきれなかったものとして、プラットフォームを前提に生まれたアテンションエコノミーという経済文化において、何かに「出会う」ことの性質が根本的に変わったという論点がある。

たとえば、中華料理を食べたいとき、複数の選択肢からどれを選べばよいか、そもそもどんな選択肢が存在するかといったことを教えてくれる技術があれば助かるはずだ。意味もないのに進んで失敗したい人はまずいないのだから、何かに判断をサポートしてもらいたいという直感をあえて否定する

＊35　それゆえ、あるアプローチに「それだけでは問題のすべてに対応できない」「それは部分的にしか意味がない」という反応があっても、対策としての地位を奪い、処方箋としての有効性を削ぐことにはならない。

必要はないだろう。

言い換えると、収集したデータを用いて、商品やサービス、人や場所、イベントなどが、どういうものであるのかを前もって示すことができれば、プラットフォームは、ユーザーに有用な情報を提供できる。私が念頭に置いているのは、レビュー、星の数、いいね数、シェア数といったデータによる集合的な評価である。プラットフォームは、レーティングを通して、ユーザーが何かと出会うときの組み合わせやペアリングの精度を高めている。つまるところ、プラットフォームは「マッチング」の価値を提供しているのである。

プラットフォームは、データ収集により評価その他の情報を提示する。それでは、プラットフォームによって「出会い」（あるいはマッチング）はどう変わってしまったのか。そのことを見る上で参考になるのが、博報堂ケトルCEOの嶋浩一郎と、博報堂DYメディアパートナーズの森永真弓の会話である（嶋&森永 二〇一四：一四頁）。二人はレーティングのことを「集合知」という言葉で呼びながら、こんな話をしている。

嶋　「食べログ」や「ぐるなび」などの、一般の人の声が見られる口コミレビューサイトって、すごいものだよね。こういうものがなかった頃は基本的に、自分の経験と、雑誌やテレビなどのメディアの情報しか、お店や商品について知る手がかりがなかったじゃない。

森永　それが今はもう、直接知らないたくさんの人たちの感想が、パッと見られますもんね。映画、本、化粧品、家電など、飲食店だけでなくありとあらゆるお店や商品を選ぶときに、レビューって参考にできるんですから。

嶋　たくさんの人の知恵や情報を集めた、「集合知」といわれるものだね。

食べログだけでなく、Amazonや楽天市場などのECサイトにはあらゆる商品のレビューや星が、NetflixやUNEXTにも星の数が表示されている。

これはさきほど論じた「プラットフォームのデータ収集」の一環だと言える。どのような商品や作品を、どのように提示すれば、ユーザーは好ましいと感じるのかを知ることができるからだ。それは、サービスの最適化に役立つだろうし、そのデータを適切に処理・解析して扱いやすい情報に変換すれば、関係企業のマーケティングやプランニングに役立つだろうし、何よりユーザーのマッチング体験を向上させられるだろう。

しかし、ここで注目しておきたいのは、何かに出会おうとするとき、集合的な評価を媒介せずに出会うことが困難になっていることである。たとえば、映画を観に行くために時間や空席を調べれば、ほとんど同時に他者のレビューが目に入る。マップでレストランについて調べれば、その場所を示すのと同時に、どんな星がどれくらいついているかが自動的にわかる。このように、集合的なコメントや評価を視界に入れることなく、物事に接することは現代では難しくなっている。[*36]

引き続き、嶋と森永の対話を一瞥しよう（同前：一四‐五頁）。

嶋　集合知はとても便利なんだけど、僕はすごく気になってることがあって。それに振り回されてる人が多すぎるんじゃないかっていうこと。

森永　自分の経験や好みより、みんなの評価が高いかどうかを気にしちゃってたり？

嶋　そう。この前も、会社の新入社員を僕の好きな店に連れてったんだけど「嶋さん、この店、食べログで評価三・〇一ですけど、大丈夫ですか？」なんて言うんだよ！「僕が好きな店」がそんなに信用できないのかよ、って！

この「大丈夫ですか」という問いかけは興味深い。この人物は、集合的なレーティングに反する個人の行動が「大丈夫でないかもしれない」と不安を抱いているからこそ、こう問いかけている。ただ単に集合的な評価が目に入ることが問題なのではない。そうしたレーティングありきで物事にふれるうちに、それを逸脱した行動がとれなくなってしまうのが問題なのだ。

「他者指向型」の現代人にとってレーティングとは何か

少し視点を広げて、集合的なレーティングがどんな社会的意義を持っているのかを検討してみよう。人は他人の動向に注目するものだ。だから、他者関係が対面関係に限定されずメディアを介して広がった現代では、社会的性格もそれに応じて変化する。社会学者のデイヴィッド・リースマンは、それを「他人指向型」と呼び、その性格を「寂しい（lonely）」と形容した（Riesman 2020［1950］＝リースマン 二〇一三）。

メディアを介して見知る人の数や取り持つ関係性が増大すると、個々人のネットワークはが伸び広がる。他方で、人間は他人の動向を踏まえて行動するのだから、伸び広がった人間関係では、どの規範に従うべきかが不透明になりやすい。従うべき規範が明確でなくなると、自分の行動や見方をどのように編成すればよいかがわからなくなるので、漠然とした不安が広がる。リースマンは、それを「寂しさ」の問題と捉えたのである。

リースマンは、羅針盤で舵取りしながら生涯の――つまり基本的に揺らがない――目標に向かって進む性格から、手近な目標をその都度捕捉してそれに従う性格に変わったことを「レーダー」に喩えている（この比喩に「アテンション」の要素を見出すことは難しくない）。レーダーで周辺の動向を読み取り、そのノリや波に調子を合わせていくのだが、当然ながら、他者の動向は常に変動するものだし、レーダーが捕捉する他者も次々に変わる。それに、どこまでの範囲の他者に注意を向ければよいのかもはっきりしない。レーダーに喩えられる他者指向型の現代人は、落ち着きなく判断の基準を求めて安住できないのが常であるがゆえに、「これで大丈夫なのか」と自問する理由をいつでも持っていることになる。

リースマンがこうした診断をするにあたって前提としていたメディア環境の性質は現代に至るま

＊36　こうした情報開示や評価が完成品に対してだけでなく、その完成へと至るプロセスにも戦略的に用いられていることについては、尾原（二〇二一）が詳しい。

で、加速こそすれ変質していない。相変わらず、見知る人や物事の数は飛躍的に増え、関係性は伸び広がり、そして、(これまで本論考でも論じたように)従うべき規範はますます不透明になった。

もちろん、リースマンが『寂しい群衆』を出版した一九五〇年のアメリカと違って、私たちには情報技術があり、プラットフォームがある。プラットフォームは、大衆の個別の属性(階級、学歴、選好、セクシュアリティなど)を貫いてデータを収集し、群れとしての世論(public opinion)を可視化している。落ち着きなく判断の基準を求める現代の私たちは、「集合知」の形で可視化された他者評価を頼りにできてしまう。この不透明な時代にあって、従うべき規範に迷わずに済ませる手ごろなやり方として、レーティングは機能しているのである。

特定の誰かの意見やレコメンドに頼っていては、その個人が信用ならないことがわかったとき、それに調子を合わせていた自分自身をも否定せざるをえなくなってしまう。しかし、匿名的で集合的な形で提示される評価は、「大衆=群れ=みんな」の評価であり、ある種の客観性を帯びている。[*37] 誰のものでもない評価であるがゆえに、特定の権威に依存するアンバランスを避けることができ、「これで大丈夫か」と疑う理由をひとまずは持たなくてよくなる。そういう意味で、「集合知」的なレーティングは従うべき規範として都合がいい。

要するに、調子を合わせるべき他者が伸び広がって抽象化し、どこにいる誰にレーダーを向けて情報を得ればよいのかわからない現代社会では、集合的なレーティングが、レーダーを向ける手ごろな対象になっている。不安で寂しい現代人と、レーティングシステムなどで「他者評価」を行うウェブサービスは、悪い意味で相性がいいのだ。かくして、谷川(二〇二二年)が指摘するように、スマートフォンとともにある現代において「寂しさ」という論点は一層重大な問題として先鋭化している。

9 おわりに——レーティングと出会いを、津村記久子「サキの忘れ物」から考える

「忘れ物」のような不意打ちの出会い

集合的なレーティング抜きに何かと出会うこと、つまり、アルゴリズムにコントロールされない偶然の出会い（ノイズある出会い）について考える必要がありそうだ。[*38] その手がかりとしたいのが、津村記久子の小説「サキの忘れ物」である。興味深いことに、この作品の序盤では、スマホによる動画視聴を介してつながろうとする友人が出てきたり（津村 二〇二四：一一頁）、その友人とのコミュニケーションに違和感を抱いたりする場面がある（同前：一一－一二頁）。

友人たちは、主人公の千春のいる店にやってきて、退屈や寂しさを埋めて覆い隠してくれる動画やおしゃべりに興じている。千春自身それに乗っかって「快楽的なダルさ」（谷川 二〇二二）に浸りながらも、乗り切れない自分がいることにも気づいている。だからこそ、平たく表面的なやりとりを続

＊37 インフルエンサーの中には、「みんな」の代表者として自らを位置づけている人は少なくない。つまり、その人が従う（フォローする）よう勧めているものは、その人「個人」に紐づくものというより、「トレンド」に紐づいているとみなされている。ある意味で、インフルエンサーは、レーティングや集合知の問題の一部なのである。

＊38 拙著では、「モヤモヤ」「消化しきれなさ」「難しさ」「ネガティブ・ケイパビリティ」などの言葉を通じて、偶然性の論点を掘り下げている（谷川 二〇二二、谷川ほか 二〇二三）。

けてお茶を濁している。尊重し合いながら踏み込まず、互いに了解し合っている「キャラクター」の枠内に留まるコミュニケーションだ。

その千春を変えるのは、ある客がカフェに忘れていった新潮文庫の『サキ短編集』だった。いつも通りの「円滑な」やりとりができず、友人との間に軋轢が生まれてしまったとき、誰かの忘れた『サキ短編集』に出会った。背表紙には理解できない単語が並んでおり、どれから読んでいいかわからない本だと感じたにもかかわらず、なぜかその本に惹かれている自分に気づいた（津村 二〇二四：一七一二三頁）。その後、「明日になったら、どうしてこんなものを買ったのとおもうかもしれないけれども、それでもべつにいいやと思える値段でよかった」と思いながら、書店で同じ本を手に入れる（同前：一二七頁）。

通常は、作品や物事との出会いの場所として想定されていない「忘れ物」であることが重要だと思われる。忘れ物は、レーティングや集合知抜きの不意打ち的な出会いだし、この偶然性は設計されたものではない。集合的なレーティングを介して物事と出会うのが常態化した今日において、何かとレーティング抜きで出会うには、探していないタイミングに不意打ち的にやってきたものを「出会い」として読み換える態度が必要になる。「探さずに不意打ちを待つ」という指針をここから導き出せるかもしれない。前述の「怠惰」や「無為」は、この文脈では「無理に探さないこと」や「成果を狙いにいかないこと」として具体化されうる。

たとえば、電車で向かいの人が読んでいる文庫本。カラオケボックスの廊下で通りがかった別の部屋から聴こえてくる聴いたことのない曲。職場から帰るときにいつも通らない道で曲がって、視界に入ってきた植物。いいなと思った研修講師がオススメしている、自分なら読まない本。同僚に誘われて行くことになった、どんな様子かもわからないレストラン。なんとなく始めた自炊とその結果。

このように、誰がどれくらい体験して、どれくらい人気で、どれくらい集合的な評価を受けているかなどを気にせずに、不意打ち的に出会うこと。[*39] 勤勉に忙しく探していては不意打ちはやってこない。探さずに待つ「怠惰」や「無為」が、不意打ちの出会いを準備してくれる。出会う物事は、大げさである必要はない。アルゴリズムの外側は、すぐそばにある。その些細な出口を象徴するものとして、「忘れ物」ほどしっくりくるものはない。

レーティングは、体験の素朴さを毀損する

レーティングを介して行くことに決めたレストランでは、どんな店で何が提供され、どれがおすすめなのかが、すべて事前にわかってしまう。基本的に、そこでどんな面白さやうれしさを体験するのかが事前に予測されている。これが、映画や音楽、恋人、家電であっても同じことだ。「忘れ物」のような不意打ちの出会いを得たとしても、それにレーティングを介して接するときのようなノリで臨んでは仕方がない。重要なのは、予測や事前情報に集中するのではなく、実際に自分が感じることを素通りせずに捕まえることだ。

レーティング抜きに不意打ちに出会った『サキ短編集』を読もうとするタイミングで、千春はこう

＊39　ひとまずレビューを念頭に議論してきたが、多数シェアされている投稿、フォロワー数の多い人のオススメ、再生回数の多い予告編の動画、SNSに「注目の投稿」としてピックアップされた記事なども同じことだ。

述べている。

いつもより遅くて長い帰り道を歩きながら、千春は、これがおもしろくてもつまらなくてもかまわない、とずっと思っていた。それ以上に、おもしろいかつまらないかを自分でわかるようになりたいと思った。……とにかく、この軽い小さい本のことだけでも、自分でわかるようになりたいと思った。（同前：一二八頁）

ここでは、予測に重きが置かれていない。面白いはずだとか、きっと面白くないとか、そういったものは何もない。読もうとする千春の手許にあるのは、読書によって得られるメリットや体験内容についての予測や事前情報ではなく、単に「知りたい」という思いだけである。

小説のワンシーンだからさらっと書かれているが、何かに新たに接するとき「知りたい」という思い以上のほかに特に何も置かずにいることは極めて難しい。著者についての評判、社会的な評価、レビューの数、文学賞を受賞している人かどうかなど、そういう周辺的な事情は否が応でも視界に入ってくるからだ。そんなものを調べる勤勉さは必要ない。仮にレーティングや事前情報が視界に入っても、自分の感性より優先することはない。そんな勤勉でせわしないことはやらない。

事前調査をするような真面目さを捨てて無為になり、レーティングに対して怠惰になることだ。千春のような素朴な鑑賞体験は、怠惰と無為の上にある。逆に言えば、集合的なレーティングや事前情報を優先するプラットフォームの働きは、放っておけば、作品体験の素朴さを台無しにしてしまう。

私たちは、今や意識的に「何もしない」を取り戻さねばならないのだ。

ブンタンの香りを受け入れる「怠惰」な身ぶり

『サキ短編集』を実際に読んだ千春の感想も一瞥しておきたい。彼女は「ちょっと愉快な気持ちになった」という。

その話を読んでいて、千春は、声を出して笑ったわけでも、つまらないと本を投げ出したわけでもなかった。ただ、様子を想像していたいと思い、続けて読んでいたいと思った。本は、千春が予想していたようなおもしろさやつまらなさを感じさせるものではない、ということを千春は発見した。（同前：三〇頁）

とても単純なことを言っているように感じられるが、本論考が通ってきた議論を補助線にすればまた違って見えるはずだ。

レーティングを介して接するとき、「当初の予想を裏切るつまらない内容だったことを人に説明してやろう」「いかにすごいか人に布教してやりたい」「ここで批判を口にすれば、フォロワーからのリアクションはいいだろうな」という思いが脳裏をかすめることがある。レーティングのような他者評価や他者視点から出会ってしまうと、自分の感想をレーティングにフィードバックしたい、少なくともＳＮＳを介してコメントすることで「いいね」と思われたいという欲求が湧き起こるのは当然だからだ。そして、その思いは、「洗脳」や「推し」に、つまり影響力のゲームに絡めとられる。だが、レーティングを介さず素朴に——あるいは、怠惰に——体験する千春に、そういった思いはない。ただ「知りたい」と思うだけだ。

単に「知りたい」とだけ思っていた彼女が実際に本を読むと、当初の予想とのギャップを感じた。しかし、そのギャップを拒絶したり、作品を否定したりしなかった。しかも、単につまらなかったのではなく、自分の持つ「面白い／つまらない」の基準が適合しなかったのである。何かを知るときの避けられないステップとして、予想とのズレを受け入れ、千春はそれを「ちょっと愉快な気持ち」（同前：二九頁）で味わった。

「知りたい」という素朴な気持ちを背景に持っていれば、自分の持つ基準が使えないという予想外の事態に行き当たっても、その帰結を新鮮なものとして体感することはできるはずだ。少なくとも、期待と違うことが「つまらない」という判断に短絡することはない。千春は結論を急がない。彼女の判断力は、怠惰で無為なのだ。だからこそ彼女は、予測との誤差が特定の判断に急には結びつかないほどの素朴さで、物語と出会うことができた。

忘れ物の持ち主に『サキ短編集』を渡したとき、千春は、お礼としてブンタン（文旦）をもらった。このエピソードにおいて、やや唐突に嗅覚的要素が強調されていることは重要である。千春はもらったブンタンを家族に渡そうと思っていたが、ふとそれを止めテーブルの上に置いて、『サキ短編集』の続きを読むことにした。ページをめくる千春の鼻先に、柑橘類の香りが触れる。「すっとする、良い香りがした」（同前：三〇頁）。

ブンタンの香りがすっと鼻孔から入り込む様子は、チャールズ・テイラーが提示する「多孔的自己」論を思い出させるところがある（谷川 二〇二四）。自己と世界を厳密な壁や膜が隔てているというより、世界（外界）と自己（内面）が相互浸透しているという見方であり、どちらかといえば、自分が他者や世界から何かを受け取る感性（受容性）に力点を置いて使われることの多い言葉だ。

忘れ物の持ち主からブンタンを受け取ったとき、大きさや色、そしてブンタンという名前の話はしていた。しかし、『サキ短編集』を読み始めるまで、千春はこの果物を嗅覚的に捉えはしなかった。感性が本から色々なものを受け取る読書というタイミングで、はじめて彼女は香りを感じている。この香りの侵入を、千春の感性が持つ「受容性」を象徴するものとみなすことができるだろう。ただし、彼女の受容性は、必死に忙しく刺激を探し回り、事前情報や他者評価を収集して自分の体験を予め思い描くほど勤勉ではなく、そのときその瞬間まで香りを意識しないくらい怠惰で無為だ。千春の「知りたい」という思いは、素直で怠惰な受容性に支えられている。

これまでの議論を踏まえるなら、受容的（あるいは多孔的）であるためには、怠惰と無為が大切だと言えるかもしれない。急がず、探さず、結論づけずに待つこと。面白いかつまらないかを急いで判断することのない「無為」は、自分なりの解釈や面白さを「制作」するプロセスにも見えてくる。[*40] 世界の何かに不意打ち的に出会ったとき、予想を超えているからといって、それを認識の上で遮断したり、強烈に非難して退けたりするのではなく、その出会いを受け入れるチャンネルを持っておくこ

＊40　こうした制作の捉え方については、谷川（二〇二二：一九五頁注１０１）で扱っている

と。それは、忙しさを避けてじっと待つこと、あるいは無為や怠惰であることだ。「多孔的」とは、そうしたものを受け入れる複数の経路の存在を示唆している。不意打ちの出会いを持つための素直さは、この多孔性に支えられているのである。[*41]

＊　＊　＊

【読書ガイド】

・谷川嘉浩『スマホ時代の哲学――失われた孤独をめぐる冒険』ディスカヴァー・トゥエンティワン、二〇二二年〔解題〕スマホがもたらしたマルチタスキング（複数作業の同時処理）によって、日夜注意を細切れに分散させる訓練を積んでいるに等しいという前提に立ち、自分を左右する出来事や感情に出くわしたとき、それに対して注意を集中させるにあたり必要なものを「孤独」と呼んでいる。「孤独」を自ら進んで手放している状況で、それでも「孤独」を持つにはどうすればいいのか。哲学はもちろん、心理学や精神分析、ポピュラーカルチャーまでを参照して論じた内容。哲学に入門する最初の本としてもオススメ。

・タークル、シェリー『つながっているのに孤独――人生を豊かにするはずのインターネットの正体』渡会圭子訳、ダイヤモンド社、二〇一八年〔解題〕タークルは、インターネットが一般に普及した頃からずっとフィールドワークを続けていた心理学者で、当初はかなり情報技術やそれがもたらす働きに肯定的な言葉を積み上げていた。しかし、かなり小さな情報機器を持ち歩けるようになった二〇一〇年前後から、タークルはインターネット文化に対して批判的なトーンを強めていく。なぜ批判的なのかという理由はタイトルに書かれている通り。その心は？　一般向けの本で読みやすいから、ぜひ実際に読んで確認してみてほしい。ちなみにタークルは、『スマホ時代の哲学』で最も参照した人物の一人でもある。

・木澤佐登志『闇の精神史』ハヤカワ新書、二〇二三年〔解題〕情報技術やインターネット文化にはダークサイドがあるなどということは、もはやみんな知っていることかもしれない。では、そのダークサイドを下支えしている思想については？ それは知らないという人も多いだろう。そういう人には、木澤さんの書籍を勧めたい。本書では、イーロン・マスクが火星移住計画に熱狂する背景には、長期主義という倫理学的立場のバックアップがあるだとか、ロシア宇宙主義という不思議な神学的教えが現実的な影響力を持っているだとか、ソシャゲのガチャ課金の体験はラスベガスのカジノ建築に似ているし、依存させるためにデザインの力がうまく活用されているだとか、そういう議論や知見がたくさん詰まっている。

＊41 多孔的な自己、あるいは世界と相互浸透する自己観が、自己の欲望とどう関係しているのかについては、谷川(二〇二四）を参照のこと。

第4章 「ていねいな暮らし」という生き方
——家事のままで家事を超える

ここ二〇年間で、頻繁に耳にするようになった「ていねいな暮らし」という言葉。それを提唱する雑誌や書籍には共通した世界観があり、同じようなものを海外に見つけようとすることは容易ではない。スローフードのお膝元であるイタリアで、二〇世紀のおわりから二一世紀の初頭にかけて、足掛け三年にわたり生活した経験からも、日本で観察される「ていねいな暮らし」に相当するような世界観に遭遇することはなかった。たしかに、スローフードをはじめ、本章で言及するような欧米におけるオルタナティブ運動に含まれるオーガニックやシンプル生活、ダウンシフトを志向する生活様式は、日本においても観察されるが、ていねいな暮らしにはそれらに包含されない独自の要素があるのではないかと感じていた。昔ながらの暮らしや手仕事の再評価と復古への憧れは、それらが一度失われてしまった日本における特異性——イタリアではいまだ失われていない、あるいは日本ほどには——とも捉えられる。本章は、そうした日本におけるていねいな暮らしの特徴に迫るものである。

本章は以下のように構成されている。まず第1節では、前世紀のおわりから今世紀のはじめにかけて出現したといわれる「ていねいな暮らし」ブームについて概説する。第2節はその「ていねいな暮らし」を、おもに生活工芸ブームとの類似点に着目し、その特徴を記述する。ていねいな暮らしを分析する従来の言説とは異なる、ていねいな暮らしの三つの要素――①エシカルではなくエステティック、②ポリティカルではなくアポリティカル（apolitical）、③サブジェクトからプロジェクトへ――について、独立した項においてそれぞれ検討する。第3節では、近年話題となった二本の映画――シャンタル・アケルマン『ジャンヌ・ディエルマン　ブリュッセル１０８０、コメルス河畔通り23番地』（一九七五年）とヴィム・ヴェンダース『PERFECT DAYS』（二〇二三年）――を取り上げる。撮影された時代も場所も異なる二つの映画で描かれる家事と（ていねいな）生活を比較し、家事を放棄したり、アウトソースするのではなく自ら担うことを中心としながら、ジェンダー役割を超えた暮らし方の未来を展望する。

1　「ていねいな暮らし」という生き方（ライフスタイル）の出現

「ていねいな暮らし」ブーム

『暮しの手帖』（暮しの手帖社）元編集長としても知られる松浦弥太郎が、毎日の生活に手間と時間をかけ、ていねいに暮らすことを提案した『今日もていねいに。』（二〇一〇年）は、二〇一二年に文庫版となり、二〇二三年六月時点で四八刷を更新した。阿古は、「理想化された昔ながらのゆったりとした暮らしへの憧れ」を基底とした「ていねいな暮らし」（この言葉の表記は様々だが、本章では松浦が使用する「丁寧」のひらがな表記を採用し、「暮らし」については引用の場合は出典に依拠した表記を用いるため、「くらし」「暮らし」「暮し」が混在する）ブームの発端は二〇〇〇年前後に特徴的な雑誌の創刊とスローフード運動の紹介であると指摘する（阿古 二〇二二）[*1]。いわゆるライフスタイル誌に分類される『ku:nel』（マガジンハウス）と『天然生活』（扶桑社）は、三浦展の「第四の消費（一九九八-）」社会を代表する雑誌とされている。

三浦は九〇年代後半に始まる第四の消費の特徴として、上昇志向や自己拡張志向ではない、環境にやさしいエコ志向、シンプル志向をあげている（三浦 二〇二二）。九〇年代後半というのは、バブル崩壊後、低迷する経済のなかでインターネットが普及しはじめた時代であり、二〇〇〇年代も半ばを過ぎるとスマートフォンが普及、デジタル化が加速した（松下ほか 二〇一九）。八〇年代イタリアに起源をもつスローフード運動——「おいしい、きれい、ただしい」をスローガンとし、ファストフードを支える考え方に反対する社会運動——が日本に紹介されたのもこの時期である。効率だけを重視した生活が見直されはじめておよそ一〇年後の東日本大震災、そして二〇二〇年の新型コロナウィルス感染症の拡大は、自身のライフスタイルを見つめ直す機会をそのつど後押しする大きなきっかけとなる。三浦は、第四の消費が続いた二〇年間を振り返り、かつて——具体的には一九五〇年代まで——の一般的な日本人の暮らしを再評価し、その一部でも現代の生活に取り入れようとする動きをとらえて、それを「再・生活化」と呼んでいる（三浦 二〇二一：七九頁）。たとえば、農産物の一次生産に多少でも関わることや、味噌づくりワークショップに参加したり、梅干しや梅酒を手作りすることなどだ。家庭菜園や発酵食品の手作り、野菜や果実を使った保存食づくりは、ライフスタイル誌における食関連の頻出項目といえる。とりわけ食に着目して阿古は、生活のスピードが速まり、せわしい毎日、自分で調理する余裕がなく、中食や外食の頻度が高まるなかで、時間をかけて手作りし、ゆっくり食事をとることが求められたと述べている（阿古 二〇一九）。

「ライフスタイル」という差異と批評

ファッション（衣）よりも、食住に重点を置く（ていねいな）暮らし、あるいはライフスタイルが消費を特徴づけるキーワードとなった社会を文化論の視点から分析した米澤は、「エシカル」、「ヘルシー」、「インテリジェント」な価値を意識した消費が理想の「くらし」であり、とくにエシカルの視点が重視されると述べている（米澤 二〇一八）。速水健朗らが指摘するニューヨーク、ブルックリンの流行に影響されたサードウェーブ系男子（コラムニスト辛酸なめ子が名付け親）の出現とも重なる部分が多いだろう。ライターの速水健朗と編集者のおぐらりゅうじが二〇一五年から一七年まで、インターネット上で連載していた社会時評対談をまとめた『新・ニッポン分断時代』（二〇一七年）には、本章のテーマである「ていねいな暮らし」についての言及がいくつかみられる。あるウェブサイトが二〇一五年に配信した「上質な暮らし」――「特別にお金をかけなくても、自分なりに工夫して、生活のひとつひとつを丁寧にする」という新しい価値観を示したもの――についての記事に対するネットユーザーの嘲笑的な反応をとりあげたさい、具体的に引用されていたのは、次のようなライフスタイルである。「レコード屋に勤務する若い男子が、[*2] 朝はサードウェーブコーヒーを嗜み、フィ

＊1　阿古（二〇二二）はていねいなくらしブームは少なくとも二回あったというが、本章では二〇〇〇年前後にはじまった現象を対象とする。

ルムカメラを持ち歩き、散歩中にパティスリーを見つけ、趣味の時間で自費出版の「Zine」を作り、夜は近所のバーでクラフトビールを飲む」（速水&おぐら 二〇一七：四四頁）。さらに続けて、サードウェーブ系男子とは、アーバンよりアウトドア、フォーマルよりカジュアル、大量生産品よりクラフトマンシップ、クルマより自転車を好み、消費社会を古いものとして反消費、反資本主義的な主張を掲げているとする（同前：四七‐四八頁）。速水らの慧眼は、この時点ですでにジョセフ・ヒースとアンドルー・ポター『反逆の神話――カウンターカルチャーはいかにして消費文化になったか』（二〇一四年）を参照し、「上質な暮らし」ひいては「ていねいな暮らし」のもつ欺瞞性を指摘している点だ。ていねいな暮らしを提唱する松浦は、もともと「一流を愛する本物志向の人」（速水&おぐら二〇一七：五二頁）であり、彼を日本で活躍するスタイリストのソニア・パークになぞらえている。食の分野でいえば、おそらく料理家有元葉子がそれに相当するだろう。本章において、ていねいな暮らしを分析するにあたり、速水らの指摘で重要な点はもうひとつある。日本において、階級差をネタにするのはうけない（同前）、というものだ。[*3] 彼らの念頭にあるのは、日本と異なりアメリカにおいては、サードウェーブ系の人びと――リベラルすぎるポートランド人――が自虐的な笑いの対象として消費されていることである。彼らとの類似性が指摘されるボボス（ブルジョア・ボヘミアン）は、クリエイティブクラスの最先端であり、健康と環境に配慮したライフスタイルを実践すること――ロハス[*4]――で知られる（ブルックス 二〇〇二）。サードウェーブ系やボボスがまとう反体制や反消費という主張は、先の『反逆の神話』によって完膚なきまでに一蹴されている。間々田ら（二〇二一）が「持続可能型消費」と類型化する、環境や社会や健康に配慮したロハス、フェアトレード、オーガニック、スローフードなどは、いわれるほど社会変革的ではないとし、さらに、エシカル消費を特徴づける「オーガニック」、「シンプル生活」、「ダウンシフト」が、社会を変革するどころか、新しい消費スタイルとして機能してしまうことが具体例を持って示されている。オーガニックフードについていえば、慣行農法に対抗して出現した有機農法による農産物を扱うアメリカの高級スーパー、ホールフーズ・マーケットのアマゾンによる買収（二〇一七年）は、「反〇〇」という主張も、メインストリームにおいて差異という売り物になることを示している。

（ていねいな）暮らしに着目した先行研究（阿部 二〇一八、米澤 二〇一八、二〇一九）においては、先述の第四の消費の特徴に共通するエコ志向やシンプル志向などを、二一世紀における新しい価値観として好意的に受け止める向きもあるが、本章ではていねいな暮らしに対する評価をいったん保

＊2　アメリカを発祥とするトレーサビリティやサステナビリティを重視するコーヒー文化の第三の波。

＊3　こうした階級に対する言及への消極的な――というより無関心／無批判というべきか――姿勢は、一億総中流社会という幻想に端を発しているともいえそうだが、「総中流」ではないことはさまざまな階層研究が明らかにしている。たとえば教育社会学の分野では竹内洋『日本のメリトクラシー――構造と心性』増補版（東京大学出版会、一九九五年）、苅谷剛彦『階層化日本と教育危機――不平等再生産から意欲格差社会へ』（有信堂、二〇〇一年）、松岡亮二『教育格差――階層・地域・学歴』（ちくま新書、二〇一九年）など。

＊4　ロハス（Lifestyles of Health and Sustainability）は、「健康と地球環境」意識の高いライフスタイルを指す用語。一九九〇年代後半、社会学者のポール・レイと心理学者のシェリー・アンダーソンによる全米一〇万人以上を対象とした社会調査から生まれたマーケティング概念で、調査では Traditional や Modern に属さない Cultural Creative 層（エコや環境、平和、自己実現などに高い関心をもつ）の存在が明らかになった（米澤 二〇一八：六三頁）。

留する。理由のひとつは、ヒースらが『反逆の神話』の初版から一五年後に出版されたフランス語新版（二〇二〇年）に寄せた序文において、若い世代では「消費主義の減退」（ヒース・ポター 二〇二一：一九頁）が常識となったと述べているように、現在、二〇〇〇年代とは異なる潮流がおそらくあるだろうという点だ。それについて、日本においても、たとえば見田は、三浦（二〇〇九、二〇一六年）による若者の嫌消費、シェア志向、脱所有の価値観をとりあげ、それを一時期の流行に留まらない、階級にこだわりをもたない「無流社会」への変化の兆しととらえている（見田 二〇一八：四八頁）。結論を先取りすれば、こうした若者による反消費の傾向は、本章のテーマである「ていねいな暮らし」とはほぼ無関係である。ていねいな暮らしは反消費ではない。しかし、だからといって、ていねいな暮らしがいわゆる持続可能型消費と分類され、ヒースや彼に依拠した速水らによって一刀両断されるようなライフスタイルだとはいいきれないだろう。本章では、ていねいな暮らしを、従来の視点をややずらした異なる視点からあらためて見直し、それが提案するライフスタイルとは何かに迫りたい。なお、本章で分析対象とするのは、ライフスタイル誌に登場するていねいな暮らしの「ロールモデル」（ロールモデルについては後述する）と目される人物（多くは女性）がメディア（雑誌、書籍、テレビ、SNS等）で発信する生活様式である。[*5]

2 「ていねいな暮らし」とは

【1】女性の焦点化——エシカルではなくエステティック暮らしと女性

これまで触れたように、ていねいな暮らしを分析対象とした論考はいくつかあるが、冒頭で取り上げた速水らが俎上に載せていたのは松浦弥太郎が発信する暮らしであり、サードウェーブ系男子とよばれる若者のライフスタイルである。一方で、阿古や米澤、阿部が注目するのは、むしろ女性で「女性」と記述する場合、女性と自己認識している人びとを指す。男性についても同様。）を主体としたていねいな暮らしであり、「ていねいな暮らし」といっても一枚岩ではない。実際、『ku:nel』や『天然生活』などのライフスタイル誌が想定している読者は女性であると考えられる。たとえば、

＊5　本章ではロールモデルとして有元葉子（料理家）、一田憲子（編集者）、ウー・ウェン（クッキングサロン主宰）、高橋みどり（スタイリスト）、徳田民子（ファッションコーディネーター）、松浦弥太郎（エッセイスト）、渡辺有子（料理家）を取り上げる。有元葉子『生活すること、生きること』（大和書房　二〇二三）、一田憲子『丁寧に暮らしている暇はないけれど。』（SBクリエイティブ　二〇一八）、ウー・ウェン『本当に大事なことはほんの少し』（大和書房　二〇二一）、高橋みどり『おいしい時間』（アノニマ・スタジオ　二〇一九）、松浦弥太郎『くらしのきほん　100の実践』（マガジンハウス　二〇一九）、渡辺有子『すっきり、ていねいに暮らすこと』（PHP研究所　二〇一四）に加え、彼／彼女らが雑誌『暮しの手帖』、『天然生活』、NHKテキスト『人と暮らしと、台所』などで提案するライフスタイルを分析対象とした。

日本の書籍・雑誌の部門別出版統計と出版傾向の分析をまとめた『出版指標年報』（二〇二二年）では、「女性誌」の分類の下にジャンル「〈シンプル&ナチュラル・ライフスタイル〉」という下位区分が設けられている。[*6] また、一般向けに市販されている雑誌を収録した『出版年鑑』（二〇一八年）では、「女性」項目に分類される雑誌の多くを占めるいわゆるファッション誌に加え、ライフスタイルを中心テーマとする雑誌が含まれ、さらに、「技術・工業」項目の下位項目「家政学」に、ライフスタイル誌として人口に膾炙した雑誌タイトル（たとえば『うかたま』『暮しの手帖』『月刊ソトコト』『天然生活』など）が並んでいる。[*7] たしかに、『出版年鑑』の「家政学」分類には、二〇一八年（以降廃刊）時点で、男性を読者として想定していると思われる『Casa BRUTUS』（マガジンハウス、二〇〇〇-）や『dancyu』（プレジデント社、一九九〇-）などがラインアップされているが、ていねいな暮らしを発信するメディアが対象とするのは、少なくともそのはじまりにおいて女性であった点は見逃せない。

松浦弥太郎と雑誌『暮しの手帖』の脱政治性

（ていねいな）暮らしの「エキスパート」（米澤 二〇一八）とみなされる松浦弥太郎は、暮らしをテーマとする雑誌の嚆矢ともいわれる『暮しの手帖』（一九四八-）の編集長を九年間務めた。初代編集長花森安治あるいは雑誌自体についての研究や分析は数多くあり、さまざまなことがいわれているが、創刊当初から現在まで続く広告を取らない編集方針は有名である。本章では紙幅の都合上、『暮しの手帖』についての詳細な分析には立ち入らないが、『暮しの手帖』は日本が経験した戦争への反省から、日々の生活を大切にしたいという花森の思いがつまった雑誌であり、その読者層が当時の「主婦」であったことは重要だ。全盛期およそ一〇〇万部を誇った『暮しの手帖』も販売部数が落ち、起死回生のため二〇〇五年、松浦は編集長として招かれる（https://www.irep.co.jp/knowledge/blog/detail/id=45531/、二〇二四年三月一三日最終閲覧）。彼は、それまでの『暮しの手帖』の政治性や反権力の姿勢を排除した形で、新しい『暮しの手帖』を世に送り出した（米澤 二〇一八）。松浦が編集長を務めた九年間の『暮しの手帖』は、それまでの政治性を削ぎ落し、新しい読者層を獲得した。同時代に創刊が相次いだライフスタイル誌には、『ソトコト』（木楽舎）がロハスを紹介したり、『Lingkaran』（ソニー・マガジンズ）が環境問題や代替療法を取り上げるなど、反体制の思想をまとうものもあったが（阿部 二〇一六、二〇一八）、その後、現在までつづく多様なライフスタイル誌において、強い政治性が堅持されているものは少ないと思われる。コロナ禍において強制される自粛生活が、ていねいな暮らしに似ているとして、そのあり方を「ファシズム」と呼んで大塚（二〇二一）は批判した。しかし、本章でむしろ注目したいのは、現在のていねいな暮らしがもつ政治からの一定の距離感、すなわちその非政治性である。ライフスタイル誌が提案するていねいな暮らしの主体とし

＊6　男性誌には「ライフスタイル」というジャンルが設けられており、『Pen』（CCCメディアハウス 一九九八－）『Tarzan』（マガジンハウス 一九八六－）『BRUTUS』（マガジンハウス 一九八〇－）などが分類されている。

＊7　『出版年鑑』の雑誌目録は、日本十進分類法による十分類を基準とし、それをさらに三七綱目に細分して誌名の五十音順に配列したものだが、十分類とは別に、利用の便のため「女性」「少年・少女」「学習受験」の三項目が設けられている。

て想定されていた（る）のは、女性であること、そして提案される暮らし方のイデオロギーには「非政治性」という政治性が刻印されていること、この二点について、以下順に述べていく。

井出は『「生活工芸」の時代』（二〇一四年）のなかで、ライフスタイルブームについて以下のように述べている。

炊事洗濯、裁縫やしつらい、園芸、子育て、文芸活動などといった、主に女性が家庭での日常において伝統的に担ってきた活動の（再）提案であり、その一方でこれ見よがしの経済力や社会的地位の上昇、またはそれに繋がる、男性を惹き付けるためのセクシャリティへの志向といった攻撃性の高い価値観は（少なくとも表向きには）切り捨てられている（井出 二〇一四：六六頁）

それは、「主婦」や「家事」と比較するとジェンダー色の弱い「暮らし」という言葉を用いた、ライフスタイルの再提案といえる（阿部 二〇二二）。こうしたライフスタイルブームを牽引した雑誌が『ku:nel』であり、そのキャッチコピーは「ストーリーのあるモノと暮らし」であった（井出 二〇一四：六六頁）。ちなみに現在も刊行されている『ku:nel』は、二〇一六年にその編集方針を転換し、現キャッチコピーは「自由に生きる大人の女性へ！」であり、食住を中心とした当時の路線とは異なっている（阿部 二〇一八）。当初の『ku:nel』は、衣食住の「食う」と「寝る」に照準し、ファッションをあえて扱わないことで独自の路線を切り開いたとされる（米澤 二〇一九）。井出は、上述のライフスタイルブームと生活工芸ブームの共通項に触れながら両者を分析しており、その論考は非常に示唆に富む。彼が、前者の主体が「大人の女性」であった事実を強調していることは、本章においても留意すべき点である。

自己満足のためのモノ選び

二〇〇〇年前後に出現したライフスタイルブームにおける――ていねい、自然、シンプル、昔ながらの、手作りなどのワードで表現される――価値観が「大人の女性」に受け入れられた背景として、社会進出を始めた女性の存在を挙げている。二〇〇〇年代、ライフスタイルブームのおもな担い手となった「大人の女性」とは、一九八〇年代に「若年独身女性」だった世代であり、それは、経済成長を経て、子どもたちに個室が与えられ、進学や就職で一人暮らしをする女性が急増したことと無関係ではない（井出 二〇一四：六八頁）。「男性を惹き付けるためのセクシャリティへの志向」（同前：六六頁）を切り捨てた、いわゆる「非モテ」を志向する雑誌の源流のひとつは『Olive』（一九八二年創刊：マガジンハウス）であり、その読者であった元「オリーブ少女」は、現在では四〇代後半から五〇代後半の女性で、ライフスタイルブームの立役者といえる（酒井 二〇一四）。『Olive』は二〇〇〇年にいったん休刊となり、その三年後、同じマガジンハウスから『ku:nel』が創刊された。酒井は当時の『ku:nel』について、『Olive』全盛期の面影を色濃く残した雑誌であり、『Olive』で活躍した多くのスタイリストが登場していたと述べている（同前）。ていねいな暮らしを発信するライフスタイル雑誌の作り手、読み手の双方が雑誌『Olive』を読んでいた「オリーブチルドレン」（酒井順子）といえる。酒井が述べるように、『Olive』はこれまでの女性誌にはなかった「センス」という新しい価値基準を導入し、当時、少女らに提示されたのは（異性のためではない）「自己満足」のためのファッションであり（同前：二五〇-一頁）、モノ選びだったのではないか。

彼女らは、次々とオープンする渋谷パルコパートⅢ「アフタヌーンティー」（一九八一年）や広尾「F.O.B COOP」（一九八一年）、「無印良品青山」（一九八三年）などに代表される雑貨店の購買層となった（井出 二〇一四）。彼女らが取り結んだモノ――いわゆる「雑貨」――との関係性は、いまに至るていねいな暮らしを考察するうえで外せない点だ。先に引用した論考において、井出はつづけて、ライフスタイルブームを「古臭く代わり映えのしない日常生活の中に『美』を見出そうという革新的な価値観」に基づくものであり、それこそが「『暮らし系』ムーブメントの本質」だと述べている（同前：六六頁）。さらに、ライフスタイルブームを支えた具体的な職業として、スタイリストやショップオーナー、ファッションディレクター、料理家、フードスタイリストらを挙げている。彼女らは、読者に対する「カリスマ的なロールモデル」（井出幸亮）として「〝美的〟生活改善運動」（井出幸亮）を担い、その中心的な場所となったのが、雑貨や家具、衣類などの生活用品を集めたセレクトショップであった（同前）。雑誌においてロールモデルとなる女性たちが愛用する雑貨などを紹介するという、さまざまな雑誌や書籍で現在でも続く企画の嚆矢は、一九八三年に出版された『暮しを楽しむ雑貨ブック』（吉本由美）であるとし、セレクトされる雑貨の多くが、「『（主に欧米の）〝普通の人々〟が使う大量生産品や業務用の道具』の類」であったことは、「現代のライフスタイルブームまで続く歴史を紐解く上での要諦」だという（井出 二〇一四）。そして「こうした道具（実用品）に対して美を認める感性を、古く茶道や民藝といった日本独自の美意識とつなげることもできよう」

と、彼女らの雑貨との関係性と日本における工芸との共通項を指摘している（同前）。

モノ選びの基準とキュレーター（ロールモデル）の存在

本章で注目したのは、「ていねいな暮らし」の特徴とされる――反消費や反体制をまとった――「エシカル」ではなく、井出が抽出した「エステティック」な側面である。エシカルか否かよりも、美的基準に適うか否かによって、生活雑貨であるモノ、ひいてはライフスタイルを選択することこそが、本章で焦点化したい、ていねいな暮らしを構成する決定的な要素のひとつである。そのような認識によって、ていねいな暮らしを語る支配的な言説とは異なる様相がみえてくる。井出が指摘する「個人の生活様式の表明が即、モノ消費における（美的な）選択の問題として現れる」という「日本独自の消費コミュニケーションのあり方」（同前）は、ていねいな暮らしにおける消費においても同様に見出すことができる。民藝運動にまで遡る用の美を見いだす日本人の性向は、それぞれのモノをセレクトする人物――モノの作り手と受け手の間に立つ審美眼を有する「選び手（セレクター）」（井出幸亮）――の存在を前提として成立する。ビショップが「幅広い鑑賞者の層にとって社会的意義のある芸術を、協働して生産＝創造することを確固として望み、展覧会そのものを包括的な議論とみなす人々」（ビショップ『人工地獄』二〇一六：三〇九頁）と定義する芸術分野におけるキュレーターを、インターネット上の情報の海から、あるコンテクストに沿って情報を取捨選択し、ソーシャルメディア上で流通させる存在にまでその用語の範囲が拡大した現代社会におけるキュレーター（佐々木二〇一一、暮沢二〇二二）が、本章におけるモノのセレクターに相当するだろう。

ていねいな暮らしのキュレーターとして機能するのが、井出が「ロールモデル」として挙げたおもには女性たちであり、これまでに言及した松浦弥太郎をはじめ、髙橋みどり（スタイリスト）や徳田民子（ファッションコーディネーター）、有元葉子（料理家）らがそれにあたる。彼／彼女らは、自身が愛用するさまざまな日用品——生活雑貨や衣類など——を、それぞれの個人的な趣味に基づいて雑誌や書籍、近年ではインスタグラム等で紹介している。なかには、有元のように自らがプロデュースするキッチン道具を販売するケースもあるが、ほとんどが無数の既製品のなかから、独自の視点をもって選ばれたモノを展示する形式をとる。それらはまさに「歪んだ外国崇拝」（井出幸亮）と思しき洋物あるいはアジア系のモノと和モノとの組み合わせであり、生活工芸における作家による一点ものの陶器や木工品と、フランスの鋳物の鍋「ストウブ」や「ル・クルーゼ」（廉価製品とはいいがたいが）、イタリアの食器メーカー「サトゥルニア」の業務用皿といった大量生産品の取り合わせである。[*8] セレクトされたそれらの商品は、各地に点在する実店舗をもつセレクトショップ等でも販売されるが、現在では、ECサイトも利用されている。北欧の生活雑貨をあつめて通信販売する「北欧、暮らしの道具店」は、自分なりのこだわりのある人が商品を買う場所として、商品を仕入れた想いやこだわりをSNSで共有し、ストーリーを楽しむ設計となっており、プロセスエコノミーの成功例とされる（小原 二〇二二）。[*9] また購買支援サービス「価格.com」で知られる株式会社カカクコムが二〇一四年に開始した「暮らしに特化したキュレーションサイト」『キナリノ』は日々の「暮らしを素敵に丁寧に」をモットーに、利用者のライフスタイルや嗜好に合った情報選択を支援するサイトとして運営されている（https://corporate.kakaku.com/wordpress/wp-content/uploads/2014/10/20141015.

pdf／二〇二四年三月二〇日最終閲覧）。それらキュレーションサイトで紹介、販売される品々には、ていねいな暮らしのロールモデルたちがセレクトした商品と重なるものもあるが、民藝において柳宗悦が、骨董蒐集において白洲正子が不可欠の存在であったように、ていねいな暮らしにおいて何を選ぶべきかを示すのは、受け手が好む具体的な人物であり、その人の美的基準――センス――が重要であることはいうまでもない。

美的基準によるモノ消費

ていねいな暮らしを、エシカルやヘルシーといった、ロハスに近いものとして捉えてしまうと、当然、ていねいな暮らしの欺瞞性を指摘したヒースらの批判を免れない。しかし、そもそもていねいな暮らしで提案されるライフスタイルは、エシカルやヘルシーとは程遠い内容を含んでいる。それが見えやすいところでいえば、ていねいな暮らしにおける食のあり方はオーガニックや動物福祉、あるいは健康にとくに配慮したものとはなっていない。[*10] さらに、ていねいな暮らしの提案は、反消費ではなく、むしろ美的基準に適った商品の購入を促進する。この点については、日本のミニマリストとの類

＊8　日本と外国の取り合わせは食の分野にも及び、ていねいな暮らしにおける食の提案では、和食への固執はあまりみられず、むしろイタリアや台湾、アメリカなどの料理も積極的に紹介されている。
＊9　ここでも購買層として雑誌『Olive』読者が言及されている。
＊10　オーガニック製品にこだわるわけでもなく、肉食を否定することもないし、減塩を勧めるわけでもない。ていねいな暮らしにおける食の詳細については別稿にて検討予定。

似性がみられる。橋本（二〇二一）は、対抗文化の流れを汲むアメリカのミニマリズムと比較し、日本のミニマリズムの特徴を、「モッタイナイ運動を背景として、消費の質を『高級で自分のセンスを表現できる一点もの』へと転換するスタイルと結びついた」（一六七頁）ものであると述べている。ミニマリストはたんにモノを持たない生活を志向するのではなく、「本当に欲しいモノでないかぎり買わない」（一六六頁）人びとである。[*11]とするならば、松浦弥太郎のクックパッド移籍（その後、ユニクロと上質なくらし（松浦）のコラボが話題となるが、その詳細については米澤（二〇一九）を参照）は、従来の大量生産・消費社会の構造に取り込まれているとする（速水らの）批判は的外れであり、むしろ問題にすべきは、それが、ていねいな暮らしの陳腐化にみえてしまうことだろう。次項では、生活工芸ブームを分析した哲学者、鞍田崇の論考を導き手として、ていねいな暮らしがもつ非政治性について考察する。そうすることで、上述の事例がていねいな暮らしの限界あるいは陳腐化にはあたらないことを示したい。

【2】ポリティカルではなく、アポリティカル（apolitical）——政治性からの距離 生活工芸ブームとていねいな暮らし

『生活工芸の時代』（二〇一四年）に収められた論考で、鞍田は二〇〇〇年前後を節目として変化した生活工芸を取り巻く状況を、次のように説明している。生活道具を扱うギャラリーやショップが各地にでき、いわゆる暮らし系雑誌が相次いで創刊された。それらの雑誌で取り上げられたのは、生活工芸の「作り手たちの暮らしぶり」であり、彼／彼女らの「生活は、無駄なく、手堅く、清々しい」

（鞍田 二〇一四：一五二頁）。「人口減少にともなう社会構造の縮退化から、大量生産・大量消費に依存した単純な成長・拡大ヴィジョンの限界が顕在化」したことを背景とした「はじめに私有ありきの二〇世紀型の『ハイパー消費』経済から、他者とのシェアを前提とした二一世紀型の『コラボ消費』経済への移行」を指摘する（同前：一五三頁）。ここまでは、冒頭で取り上げた第四の消費の特徴と概ね一致している。本項でとくに注目したいのは、鞍田がつづけて生活工芸の時代のポイントとしてあげている、「一 生活や暮らしへの関心 二 社会的コミットメントへの関心 三 にもかかわらず社会変化につながる行為には二の足を踏む実態」（同前：一五四頁）である。ていねいな暮らしが、生活工芸の時代のポイント一点目を共有するのは明らかであるが、三点目――具体的には低い投票率――についても同様であることには説明を要すると思われるので、以下で詳しく述べたい。その前に、ポイント二点目「社会的コミットメントへの関心」については、前節でも触れたように、ていねいな暮らしにおいて、環境や社会への関心は必ずしも高くない。それはおそらく、第1項で検討した特徴（エステティック）と、ていねいな暮らしのおもな受け手の年齢層に関連しているだろう。て

＊11 『ミニマリストの愛用品 保存版』（宝島社）は、一般人を含めたミニマリストを自称する人びとが、モノを持たない主義であっても持ち続けるモノ――厳選品――を紹介する雑誌である。ていねいな暮らしで提案される生活雑貨と重なるモノも含まれるが、ミニマリストの方は機能性を重視したハイテクノロジーの家電やガジェット類などもより含まれる印象がある。また、橋本はミニマリストのフランス人ドミニック・ローホー（著述業）を取り上げ紹介しているが、彼女は、アメリカと日本でヨガを学び、禅の修行や墨絵の修得などを通して日本の精神文化に造詣が深いことで知られている。橋本は日本の消費ミニマリズムを、日本の伝統や精神性などと結びつけているが、ていねいな暮らしとはその熱量において、若干異なるかもしれない。

いねいな暮らしでは、反体制や反消費をまとったエシカルな側面よりも、エステティックな側面が重視され、以下で述べるように、生活工芸ブームを支えるのは壮年世代のみならず、社会的コミットメントに関心が高いとされる若年世代であるからだ。本項で検討したいのは、ていねいな暮らしブームにおいて、生活や暮らしへの関心を不可欠な要素とする一方、工芸ブームとは社会的コミットメントへの関心において異なる点と、だからこそ社会変化につながる行為にも無関心にみえるというていねいな暮らしの特徴である――生活工芸の時代のポイントでは三点目が「にもかかわらず」で接続されている――。鞍田が生活工芸を分析するにあたり、着目するのは壮年世代に加えて若年世代であり、先述したように彼／彼女らには嫌消費、シェア志向、コラボ消費などの特徴がみられる。しかし、ていねいな暮らしは、反消費ではないことは前項にて検討した。ていねいな暮らしのおもな受け手となっているのは、現在四〇～五〇代の女性であり、その対象は狭いといえる。鞍田が問題にする投票率であるが、ていねいな暮らしの想定される受け手となる人びとの投票行動についてここで論じる材料はない。それゆえ、具体的な投票率ではなく、社会を変える行動に対する姿勢に注目して、何がいいうるかを考察したい。

かつての生活クラブ、今の生活クラブ、そして、ていねいな暮らし

花森安治を批判的に論じた大塚は、戦後すぐの『暮しの手帖』が放つイデオロギーについて、（戦中は男性の動員）女性というもうひとつのジェンダーの動員であり、戦時下＝コロナ禍とみなしてよいと主張する（大塚 二〇二一）。緊急事態宣言が発出され、自粛生活が求められるコロナ禍において

説かれた「新しい生活様式」は、まさに戦時下の「新生活体制」を起源にしている（同前）、と。しかし、『暮しの手帖』が帯びる強い政治性は、二〇〇〇年代に松浦が編集長に就任し、雑誌の刷新を図ったことで、少なくとも二〇一五年に引き継いだ澤田康彦がかつての政治・社会問題を扱う企画を部分的に復活させるまでは、影を潜めたといえる。おそらく、松浦による新生『暮しの手帖』の新たな読者層は、政治性から一歩身を引いたスタンスをとる女性たちではなかったか。倫理的消費について論じた畑山は、「特定の規範的価値への明確なコミットメントによってではなく、自らの個人的な関心のもとで環境や社会に配慮した商品を購入するようなあり方」を「倫理的消費」とし、無リン洗剤の使用や無農薬バナナを購入するといった行為に代表される「消費者運動」とは区別されると述べている（畑山 二〇一六：二五六頁）。ていねいな暮らしは、倫理的消費（エシカル消費）とは別物であることはすでに指摘した。ここでは、より社会変革への契機をはらんだ「消費者運動」に注目したい。いうまでもなく、ていねいな暮らしがこうした消費者運動のような方向性を有していないことは明らかだ。しかし、だからこそ、消費者運動を支えた女性の当時の立ち位置と現在のていねいな暮らしの受け手の立ち位置の違い、そして後者の前者に対するまなざしを推察することによって、ていねいな暮らしにみられる「非政治性」を検討したい。

日本における消費者運動の主体として名高い生活協同組合（以後、生協）のひとつ、安心な食材宅配をおもな事業とする生活クラブは、一九六五年に牛乳の共同購入から始まった（生活クラブＨＰより https://seikatsuclub.coop/about/history.html／二〇二四年三月二〇日最終閲覧）。大量生産・大量消費への異議申し立て、同質の価値観によって組織化された（おもには）女性消費者という特徴をもつ生活クラブは、一九七〇年代から八〇年代にかけて発展し、地域の主婦を中心として拡大した（畑山 二〇一六：二〇九頁）。しかし、九〇年代になると、生活クラブを含む生協運動は、女性の社会進出、ライフスタイルの変化などを理由として停滞を迎える（同前）。八〇年代までの生協の拡大を支えたのは、班別による共同購入モデルであり、それは利便性と隣近所とのつながりという共同性によって、主婦層を取り込むことに貢献した（同前）。ところが、そうしたシステムが九〇年代になると多様化・個人化したライフスタイルと家族環境においてはうまく機能しなくなり、同時期に導入された個配システム事業がその後大きく展開されるようになる。生活クラブも二〇〇三年に個配システムを導入したものの、「個人主義化した組合員の増加」は、価値観を共有する運動としての組織の危機とみなされている（同前）。個人主義化した組合員は、組織の理念に賛同するのではなく、利便性を理由に組合に加入し、さまざまな活動への参加を忌避する傾向も強くなったという（同前）。主婦層を中心とした消費者運動は、当初きわめて政治的だったかもしれないが、九〇年代以降は政治的理念からの撤退が顕著となった。共働き世帯が専業主婦世帯を上回ったのは、九〇年代半ばであり、以降その傾向はさらに強まり、今では共働き世帯が専業主婦世帯の二倍を超えている（労働政策研究・研修機構「専業主婦世帯と共働き世帯」https://www.jil.go.jp/kokunai/statistics/timeseries/html/g0212.html／二〇二四年三月二〇日最終閲覧）。

生協の活動を三〇年以上にわたり研究している近本も、二一世紀における生協組合員の大衆化――国内の中間層一般消費者と大きく変わらない――を指摘している（近本 二〇二二）。大量生産・大量消費社会への疑問をもち、安心安全な食材を求めたいという意思をもった消費者集団の変容は、その時代における社会全体の価値観の変容の一端を示しているとも考えられ、もともと反体制の志向性をもたないていねいな暮らしの受け手が、政治からの距離を（意図的でないとしても）とることは想像に難くない。先述したように彼女らは、自分のための消費が許されたおそらく最初の世代であり、――受け手が主婦であるか有職者であるかはおくとして――少なくとも彼女らのロールモデルとされる女性たちは、有償労働に従事している。

ていねいな暮らしの非政治性

加えて、近本は、協同組合運動の発祥地イギリスにおいて定着している「買い物は投票行動」という理念が根づかなかった日本の協同組合の特異性について言及している（近本 二〇二二）。消費のあり方を通じて、体制に対する意見を表明する、それは、「モノ消費における（美的な）選択」を特徴とする（一部の）日本の消費のあり方とは異質といってよい。生活クラブのチラシは一見、一般的なスーパーの広告とそれほど変わらないが、そのどちらも、ていねいな暮らしを発信する書籍や雑誌で使用される写真や字体と大きく異なっている。ライフスタイル誌の誌面をビジュアルの観点で分析した阿部は、それら誌面には共通する文体――「余白を重視したミニマルなレイアウト」「露光過多かつ背景ピンぼけ写真」「各ページのコピーに「、」「。」の多用」――があると指摘している（阿部 二〇一八：三五–三四頁）。それは雑誌や書籍を手に取って、頁を開いた途端に感知される特徴的な写真と文字からなる世界観なのだ。それらを好むていねいな暮らしの受け手にとって、消費者運動から距離をとることは、ライフスタイルあるいはモノの消費が、政治的な立ち位置の表明に回収されてしまうことへの抵抗であり、同時に、主流の消費主義的立場に与するのでもないというのが、彼女らの政治的立ち位置といえるかもしれない。エステティックな基準を重視するゆえの、アポリティカルな立場の堅持、それは「非政治性」という政治性の表明とも捉えられる。[*12] 非政治的であるならば、大量生産・大量消費社会のメインストリームに、暮らしのロールモデルが飲み込まれることに、それほどの問題意識はもたないだろう。賭金は美的かどうかであり、反体制ではない。クックパッド移籍やユニクロとのコラボが美的に映るか否かである。ていねいな暮らしを構成する要素には、ポリティカルなものからの距離に加えて、他者とのつながりやシェアを重視する近年の若者の特徴とは異なる、共同性——同質の集まり、組織化という運動の要素——からの距離も含まれる。それについて、次項にて検討する。

【3】モノ化した自己啓発——主婦というサブジェクトから暮らしというプロジェクトへ

ここまで、ていねいな暮らしを構成する要素として、エステティックな基準と政治性からの距離に着目し、その特徴を記述してきた。本項では、ていねいな暮らしを構成する三つ目の要素であると思われる「自己（self）」へのまなざしを取り上げ考察する。第2項の最後に、ていねいな暮らしは非政治性に加え、共同性からの距離が含まれると述べた。その特徴もまた、本章において新たに提示したい、ていねいな暮らしのあり方である。

過剰な所有の否定とモノ化した自己啓発

ライフスタイルブームがはじまる二〇〇〇年前後から二〇一〇年代にかけて、過剰なモノの所有を否定するいくつかのムーブメントがあった。前項で触れたミニマリズムを別にして、まっさきに思い浮かぶのは、「こんまり」こと近藤麻理恵の『人生がときめく片づけの魔法』(二〇一〇年)による片づけの世界的な流行だろう。同時期に、やましたひでこが提唱した「断捨離」という言葉が話題となり、いまでは一般的な用語として使用されている(やました二〇〇九)。私的空間の掃除や片づけに関する上記のような書籍を、女性に向けた「自己啓発書」の理念型だとしたのが牧野(二〇一五)だ。自己啓発書のブームについて、男性の場合は(仕事で使う)手帳術、女性の場合は(自分らしさを表現する)日常生活(家事)における整理・収納論に分けられるとしたうえで、後者における日々

＊12　宇野は「非政治性」がきわめて「政治性」を帯びることを、糸井重里を事例として説明している。一九九八年にウェブサイト「ほぼ日」を立ち上げた糸井は、吉本隆明がかつてそうしたように、「消費による自己幻想の強化による共同幻想からの自立」(一五四頁)というプロジェクトを「ほぼ日」において実現しようとした。その対象は当初、モノではなくコトであった。しかし二一世紀初頭に「ほぼ日」のユーザーであった学生や若い社会人――大衆――は、その後の糸井による「コト」消費(ていねいな生活(モノ)の消費)への回帰によって、そのメディアから結果的に排除されることになる。吉本の時代(八〇年代から九〇年代にかけて)に機能していた「政治的ではない、という政治性」は、二〇〇〇年代以降、誰もが世界に「素手で触れることを可能にした」グローバルな情報社会を背景に、それができない人びとが唯一世界に関与する方法として政治(民主主義)が位置づけられる現在では、「大衆はボトムアップの共同幻想をインターネットで立ち上げることで、承認(コト)の問題を解決しようとする」(一六四頁)。そうした社会では「非政治性」という政治性はもはやうまく機能しない。

の自らのあり方を反省的に問い直すという自己啓発的な側面を指摘している。牧野は、通常、精神的な成長を目指して自己の内面を磨き、能力を向上させることを意味する自己啓発の性質を、手帳術や収納術という身近な事例に見いだし、従来の、自身の心のあり方を変えることで、世界の見え方が変わるといった自己や心そのものを操作対象として啓発するのではなく、○○術――振る舞い――として啓発する点に着目している。ていねいな暮らしにおいても、生活空間を隅々までセンス良く整えること、そのための日々の掃除、整理整頓は必須である。豪奢である必要はないが、美しく整えられた空間は、ていねいな暮らしに不可欠だ。そして、その空間には、一定の基準に適う生活雑貨が並んでいるはずである。第1項で指摘した、ていねいな暮らしにおけるモノとの特異的な関係性は、断捨離（やましたひでこ）やときめきの片づけ術（こんまり）にある「捨てる」あるいは「持たない」行為ではなく、厳選されたモノを「所有する」点でその力点は異なっている。むしろモノの選択や所有、配置、そしてその使用に主眼を置く「モノ化した」自己啓発といえるだろう。

牧野は、こうした自己啓発にみられる、世界のあらゆる事柄を自己のアイデンティティ問題を処理する形式として結びつけ、さらにそれを能動的に引き受ける姿勢を示すことそのものが、存在証明のひとつの形式になったと述べている（牧野 二〇一五：二八三頁）。いかなる状況下でも、主体的に意味を見いだすことが重要とされる現代社会において、自分らしさは「無限の資源」とされ、その獲得へと焚きつけられつづけるという（同前）。その状況は、ハン（二〇二一）のいう――○○できるという能為の社会であり、肯定の主体を特徴とする――能力社会において、理想の自我をめざして自己をプロジェクトする（＝自己を企て投げる）ことが自由な行為とみなされることと同義である。主婦というサブジェクトから暮らしというプロジェクトへ。一見、それは従順な主体からの解放にみえるが、ハンは、以前の規律社会と比べて自由にみえる能力社会の破壊的な性質を強調する。無限の資源とみなされる「自分らしさ」をめざすプロジェクトに終わりはないからだ。すると、ていねいな暮らしに勤しむ女性たちに明るい未来は約束されないことになる。はたしてそうか。ここでもう一度、ていねいな暮らしのモノ化した自己啓発という側面に立ち返りたい。

「自己（セルフ）」の焦点化

本項のはじめに、共同性からの距離について言及した。ていねいな暮らしの発信者が提示するライフスタイルには、「自分で何かをする」というＤＩＹの精神が貫かれている。たとえば、食材を購入し、一から調理することは、ロールモデルとなる料理家の多くに共通してみられる。住について、セルフビルドとまではいかないが、日々の掃除やメンテナンスを――典型的には重曹を使っての掃除――ルンバではなく自分の体を使ってすることが奨励される。洗濯についても、クリーニング店に依頼するのではなく、洗剤や柔軟剤を細かく指定して、自宅で行うことがむしろたのしみとして提案されている。衣については、なかには既製品ではなく自分で服を仕立てる強者もいるが、それと並んで、長持ちする上質な服を購入し、修繕を繰り返しながら長く使用することが勧められる。調理道具についても同様で、最新のテクノロジーが搭載されたいわゆるスマート家電よりも、定評のある昔ながらのブランドが好まれ、そうした道具を日々使って調理することがよしとされるのだ。ハンは、現代社会を「自分が自由であるという感情を抱きながら自分の業績や能力をソーシャルメディアなどに公表し、自分から監視されるようになる」（ハン 二〇二二：一二三頁）社会だと述べている。しかし、そうした時代であっても、自分がどのような食器を使っているか、どのような鍋をもっているかを他人とシェアすることを好まない人びとがいる。茶人の木村宗慎が述べているように、「ふだんどんな食器をつかっているかなんて他人に語ることではない」（木村 二〇一四：一一八頁）と考える人びとだ。ハンが前提としている社会との決定的な違いはここにある。――高度情報化時代だからこそ可能な――さまざまな事柄を他人とシェアしたり、自分が所有するのではなく、共有したりする――さらにいうなら、他者からの承認を渇望する――志向とは異なる暮らし方があるように思われる。元オリーブ少女が取り結ぶモノとの関係性はあくまでも自己満足を基底とする。インスタグラムで「#ていねいな暮らし（くらし）」を検索し、ヒットする件数やインスタにあげられた暮らしの内容について議論すること（米澤 二〇一九）にあまり意味はないだろう。ていねいな暮らしが志向するのは、そうした顕示的消費とは無縁のものだからだ。それは他者との比較ではなく、自己へ向けられていると同時に、あらゆる意味を剥ぎとった行為へと昇華するものに思える。

敢えてつながらない

デジタル社会を背景として、女性が妻あるいは母としてのアイデンティティを活かして起業することができる時代が到来したといわれる（キラス＝マルサル 二〇二三）。男性の場合と異なり、女性では親としてのアイデンティティと職業人としてのアイデンティティは本質的に対立していたが、二〇一〇年代になるとその溝はソーシャルメディアの登場で埋められていく（同前）。ブロガーやママ起業家、インフルエンサーやインスタグラマーが、女性のビジネスの成功事例の代表格となり、これまで私的で個人的な領域に属していた料理や家族の休暇の計画、テーブルセッティング、家に花を飾ることなどが、突如ビジネスの対象となったのだ（同前）。それはまさしく無償労働だった家事や育児が、ソーシャルメディアの活用の仕方によっては有償労働になりうることを示す事例である。こうした欧米を中心とした動向――それに類似する現象はもちろん日本でも観察されるが――と日本におけるていねいな暮らしは、次の点で異なる。ていねいな暮らしにおけるロールモデルは有償労働――たとえ女性に特有といわれる職業であっても――の仕事をもつ、旧来の意味で経済的に自立した女性、つまり素人の一般人の出ではないこと。発信するメディアが、インスタグラムなどのソーシャルメディアをメインとするのではなく、従来の主要な伝統的マスメディア（雑誌や書籍、テレビ）を活動の場としていること。そして、欧米のインフルエンサー女性の多くに共通するといわれる慈善活動や国際女性デー、健康キャンペーンなどへの言及によって、自らを宣伝する「啓発的な市民としてのイメージ戦略」（Goodman 2020）が欠如していることだ。

八〇年代の消費社会を代表するコピーライター糸井重里は、二〇〇〇年代に入る直前、ウェブサイト「ほぼ日刊イトイ新聞（通称ほぼ日）」を立ち上げた。コト消費が主流となる前に、コト消費的なつながりやストーリーを共有するためのインターネットサイトである。そして、時代を先取りし、ソーシャル疲れが問題となる前に、コト消費からモノ消費へと回帰した。ほぼ日はいま、糸井をはじめとするキュレーターが選んだ商品を購入できるＥＣサイトである（宇野 二〇二〇）。糸井の姿勢に対する若者からの批判はここではおく。糸井は、コトの飽和に疲れた私たちが、「誰とも（直接は）

つながらない時間」としてモノに接する時間が希少なものとして相対的に浮上する（同前）事態を正確に捉えていた。一方、この間も、ていねいな暮らしにおいてモノ消費は徹底して貫かれている。当初からモノの贅沢な浪費（國分 二〇二二）を主眼とするライフスタイルの提案なのだ。それはたんなる消費社会への同調ではない。國分（二〇二二）が述べるように、顕示的な記号的消費とは異なり、浪費は満足をもたらし、消費はとまるのだから。

3 家事のジェンダーレス化／無流社会へのメルクマールか？

ジャンヌ・ディエルマンから平山へ

ジャンヌ・ディエルマンは、シャンタル・アケルマンが一九七五年に発表した映画『ジャンヌ・ディエルマン ブリュッセル1080、コメルス河畔通り23番地』の主人公の女性である。この映画は二〇二二年、英国映画協会が発行する『Sight & Sound』誌上において、世界の批評家・研究者が選定した史上最高の映画第一位に選ばれ話題となった。ブリュッセルを舞台とした本作品は、一六歳の一人息子と住む寡婦の日常があることをきっかけとして少しずつ崩壊する三日間を、三時間二〇分という時間のなかで描いたものだ。斉藤綾子の解説によると、本作は「男性優位の価値体系のなかで長い間女性の存在役割を限定してきた家事労働と性労働を、見事に映画的なアクションと時空間の中に凝縮して示すだけでなく、その映像を見るものに凡庸と崇高という二つの極を行き来させるある種の経験として差し出すことに成功した非凡な作品」であるという。本作品において、ジャンヌの毎日は、買い物と食事の支度、片づけ、近所の母親の赤ん坊を預かること、息子とのちょっとした会話と彼の世話、二人での夜の散歩、浴槽の掃除、靴磨き、男性の相手、髪をとかして眠る、それらの繰り返しであり、家事のいっさいをほぼ無表情に、淡々とこなしていく。ジャンヌは家事に占有された日々の生活を、儀式的に行うことで――当初は強制され、彼女を抑圧する儀式であっても――自分自身を守り生き延びていた。そこに、家事を自らたのしむ姿はなく、それはまさしく家事労働に従属する「主婦」のかつての（場合によっては今もつづく）「（動く）ポートレート」である。

ていねいな暮らしが、本作品によって（ある意味、ていねいな描写で）提示された家事労働のたんなる口当たりのよい再提案だとすると、そこに見出すべき未来はないだろう。しかし、筆者はここで、本作に再び光が当てられ、その重要性が認められた二〇二二年の翌年に公開されたヴィム・ヴェンダースによる『PERFECT DAYS』の主人公、平山の存在に注目して、ていねいな暮らしの意義を考察したい。

役所広司扮する主人公の平山は、東京渋谷のトイレ清掃員として働く。同じ時間に目覚め、身支度をし、淡々と日々を生きている。ヴェンダースが彼を禅寺の「僧侶」のようだと述べているように、本作で描かれる平山の生活は規則正しく、慎ましい。彼に家族はなく、生活の中心は清掃員としての生業である。仕事以外の生活の場面には、移動時に聴く音楽、休憩時間に眺める木漏れ日、古いアパートでの読書といったささやかな、しかし確固としたたのしみが描かれる。役所は自らが演じた平山について「ただ静かな生活を望み、本を読み音楽を聴くことで何か懐かしいものに出会ったり、過去に思いを馳せたりしているのでしょうか、夜はゆったりと眠りにつく。ある意味、豊かな時間を過ごしている。そんな平山さんの時間に監督は憧れるのだろうと思います（映画パンフレット）」と述べている。平山は多くを求めず、日々をていねいに暮らしており、共感する人びと（若者含め）も多い一方で、平山が「選択的没落貴族」（川上末映子）と名指されることからも、彼の生き方に対する憧れは、持つものの視点に偏っているといわざるをえない。そうした批評は、ていねいな暮らしが規範化するさいの批判、すなわち日常にかける時間や手間がどのくらいあるかによって、それを実践できる人びとが限られるという居心地の悪い現実の指摘と同型である。主人公が公共トイレの清掃員でありながら、この映画では汚物（いわゆる糞尿や吐しゃ物、使用済みの生理用品など）が登場しないことも話題となっていた（映画パンフレット）。そして、この映画で、平山が家事をするシーンはほとんどない。昔ながらの（新聞紙を濡らして畳を箒で掃く）掃除の場面はあっても、食事の支度や（一人暮らしなので）家族の世話をする必要もない。朝食は自販機で買う一本の缶コーヒー、食事はもっぱら安い定食屋で入浴はいつもの銭湯。平山の生活には、ジャンヌの生活をほぼ占有していた家事労働が排除されている。彼の生の中心は生業である清掃員としての仕事であり、心を込めて行う彼の仕事ぶりが美しく描かれる。ヴェンダースの映画で捨象されている（女性が）生きることの現実——家事労働や性労働——が、まさしくアケルマンが撮りたかったテーマであり、それまで一顧だにされなかった女性の生の大部分であった。ジャンヌの家事という無償労働と、平山の清掃員という（慎ましいながらも）有償労働には越えがたい違いがあるように思える。ジャンヌが金銭をもっぱら生活の必要のために使う（國分（二〇二二）の区分では「消費」）のに対し、平山は労働から得た報酬を自分のため——古本や銭湯代やスナックでの飲み代——に使うことができる（國分（二〇二二）の区分では「浪費」）という相違は、いくら強調してもし過ぎることはないだろう。しかし、彼女／彼らの労働に向き合う動作には、次のような共通項があるのではないか。平山が公共トイレを掃除する動作が美しいと感じるのと同じように、なぜか『ジャンヌ・ディエルマン　ブリュッセル1080、コメルス河畔通り23番地』において映し出されるルーティン――生鮮食品を買い、夕食の下ごしらえをし、前菜と主菜を手作りし、皿を並べ、食事が終わると食器を下げ、洗い、家事が終わると息子と二人、夜の散歩にでかける――、それらに挟まれるときたまの家事――なくしてしまったボタンを付け替えようと、同じボタンを探して手芸店を回る、を含め――、を遂行するジャンヌは美しく（崇高に）うつる。アケルマン自身が述べるように、ジャンヌは家事（や売春）を儀式的に行うことによってしか、生きられなかったのだとすると、私たちが感受するジャンヌの美しさは何に由来するのか。

能力社会で生きぬく

ルーティンの反復。[*13] 形式化された価値に基づく生き方。およそ半世紀後の平山に日本的スノビズム

*13　鈴木（二〇二一）は、無印良品に現代における用の美を見いだし、ルーティン化がもたらす快楽を指摘している。鈴木によれば、自律的に従うルーティンとは成就的（コンサマトリー）な行為であり、行為それ自体の遂行を第一の目的とする（二一七頁）。「正則性を保つことは、行為の成就性を高め、そこに生まれる生活のリズムには快楽が伴う」（二二四頁）という指摘は、ていねいな暮らしにおけるＤＩＹの反復に伴う快楽と軸を一にしている。ただし、ていねいな暮らしにおいて選択されるモノは、必ずしも無印良品とは限らない。さらに興味深い事実は、「丁寧」が漢字の擬態語であるという円満字の指摘である（円満字 二〇一一）。円満字によると丁寧は本来、鐘の音を表す擬態語であったが、鐘自体を表す名詞となり、のちに「鐘を鳴らして知らせる」という行為

（アレクサンドル・コジェーヴ）を見出すのはたやすい。資本主義の超克というフレーズが喧しい二一世紀、憧れの対象として「平山」をスクリーンに登場させたのはヴィム・ヴェンダースという（日本贔屓の）外国人だったことは偶然ではないだろう。[*14] そして平山はもともと上流富裕階級出身だ。平山のていねいな暮らしは、かつての文化資本に支えられているともいえる。平山は現状の暮らしを心から堪能し、満ち足りた日々を過ごしているようにみえる。ジャンヌの生活とは真逆といってよい。ジャンヌにとって自らの感情や身体性に向き合うことは、端的に不可能なことだった。しかしいまや時代はかわり、自らを「何であるか」ではなく「何ができるか」に依拠して生きなくてはならない社会となった。ていねいな暮らしがプロジェクトとなった現代社会において、自己を次々と投機し続けた先に何があるのか。もし他者との比較で生きるのを選ぶなら、ハンの見通しは暗い。対して、「無流社会」の兆しをみる見田宗介に希望を見出す人びとも多いだろう。そこで筆者は、次のように提案したい。ジャンヌや平山のジェンダーや階層を映画の背景として描く必要がなくなったとき、ていねいな暮らしの民主化は達成されるだろう、と。大量消費時代を経験した世代が、それをふまえて暮しの内側に眼をむけ、質の高い消費とは何かを模索し提案した「生活工芸の時代」第三期（一九九〇-二〇一〇年代）——それとパラレルなていねいな暮らしブーム——のあとを引き継ぐのは、バブルを知らない若い世代だ（広瀬 二〇一四）。彼／彼女らは、「消費にたいしてとても慎重で、身のたけにあった暮しのなかで、必要なものだけをえらび、愛着をもってつかいきることをよろこびとする」（広瀬 二〇一四：七九頁）。それはユニクロがいいとみんながいう社会とは異なる位相にある社会であると信じたい。

4　おわりに――身体性の回復

本章では、日本に住むある一定の人びとから受け入れられている「ていねいな暮らし」について、従来の分析とはやや異なる視点から論じてきた。そして、それがもつ特徴を、エシカルではなくエステティック（倫理的ではなく美的）、ポリティカルではなくアポリティカル（政治性からの距離）、サブジェクトからプロジェクトへ（モノ化された自己啓発）の三点にまとめた。ていねいな暮らしは、エステティックな基準によって選択される点において、本章で取り上げたエシカルやロハスといった新しい消費とは異なっている。一見、共通性があると思われるのは、コト消費やミニマリズムだが、モノの消費をむしろ積極的に享受する意味では、それらの力点は異なっている。また、スローフード運動やかつての生協による消費者運動といった社会変革を目指すムーブメントとは、政治性からの距離という点で異質なものである。サードウェーブ系「男子」と名指されるアメリカ起源のボボスと類似するライフスタイルも、その中心的世代とジェンダーが若年男性である点、そして彼らが、シェア

を示す動詞、さらに一般的な「くり返し伝える」という意味へと広がったという。副詞として使用される場合、「くり返し」という状態に「心を込めて注意深く」という状態が付加され、今日、私たちが使用する「丁寧」の由来ではないかというのだ。「ていねい」には反復という意味が刻印されている。

＊14　先に触れたシンプルな生活を提唱し、ミニマリスト的な生き方を指南する女性としても有名なドミニック・ローホーと重なる。

志向やコラボ消費を好む点で、他者との比較よりも自己と向き合うことを好む壮年女性を中心とした「ていねいな暮らし」とは別物だろう。

二一世紀の日本で、にわかにあらわれた「ていねいな暮らし」という生き方。それは家事という生きるうえで不可欠でもっとも身近な営為を、美的な基準にしたがって貫こうとするものだ。そしてそれは、他者のケアだけに向かうものではなく、むしろ自己に向かうケアを志向する没入感と反復を基調としたまさに自己の技法といえるだろう（フーコーほか 一九九九）。ジャンヌがひとつひとつの家事を日々こなす姿にわれわれが感受する美しさは、茶道や華道といったその道の達人の動作に美を見いだす感性に通じている。しかしながら、ジャンヌが隷従を強いられた忌々しい家事を美化したり、そのやり方によっては首肯しうると本章が主張していると解釈されるとしたら、それはまったくの誤解である。そして、美的判断が道徳的判断と関連することはいうまでもなく事実であり（ブルデュー一九九〇）、それを否定するものではない。しかし、もし道徳的あるいは政治的「意味」を超越した形式美に則った「暮らし」のあり方が、日本に住む人びとに浸透していくならば、ジェンダー役割を超えた別様の暮らし方がたちあらわれるのではないだろうか。

現在、日本における四〇代から五〇代の女性と非常に狭い範囲にとどまっている、ていねいな暮らしのおもな受け手であるが、その暮らしの哲学は、はたして、これからの若い世代に受け入れられていくのだろうか。見田が指摘したような「無流社会」が到来しつつあるかどうかは今の時点で判断できないが、少なくとも自己に向かうケアの兆しが感じられる。

近年、家事をジェンダーに関わらず主体的にたのしもうという主張がなされている。とくに食の分野ではその傾向が強い。[*15] 若年世代の発信者としては山口祐加や長谷川あかりらがおり、彼女たちは自分のための「自炊」や自身への「いたわり」といった観点から日々の炊事を語っている。[*16] 誰かをケアするジェンダーとして規定されてきた女性が、家事労働を放棄するという仕方ではなく、自己をケアし、労わることを指向した営為として主体的に没入することが、ていねいな暮らしで示される、もうひとつのライフスタイルではないだろうか。ならば、ていねいな暮らしのさらなる特徴として、身体の使用が現前化する。自分の身体を使って行う家事労働、なんらかの主義主張を感じ取る嗅覚、モノを見極める眼、五感のフル活用である。身体の感覚を研ぎ澄まして、ひとつひとつの動作をていねいにおこなうこと。これまで軽視されてきた（女性の）身体性に光をあてること、それらがジェンダーの区別なく浸透することを願ってやまない。

＊　＊　＊

【読書ガイド】

・阿古真理『家事は大変って気づきましたか？』亜紀書房、二〇二二年〔解題〕作家・生活史研究家である阿古真理による「暮らしを支える社会や歴史を視野に入れて家事について考え」、家族で家事をシェアする道を探る書。本章のテーマである「ていねいな暮らし」についての言及もあり、現代社会における家事のあり方について考える基本的な知識も得られる。本書以外にも生活全般とくに食（料理）に関する優れた著作が多数あり、必読。

＊15　たとえば、坂口恭平（二〇一八）、星野概念&山口祐加（二〇二三）、三浦哲哉（二〇二三）など。

＊16　山口祐加『ちょっとのコツでけっこう幸せになる自炊生活』エクスナレッジ、二〇二〇年、長谷川あかり『クタクタな心と体をおいしく満たすいたわりごはん』KADOKAWA、二〇二二年。

・カトリーン・キラス＝マルサル（山本真麻訳）『これまでの経済で無視されてきた数々のアイデアの話　イノベーションとジェンダー』河出書房新社、二〇二三年（Katrine Kielos-Marçal, *Mother of Invention How Good Ideas Get Ignored in an Economy Built for Men*, Harry N. Abrams, 2021）〔解題〕『アダム・スミスの夕食を作ったのは誰か？』の著者、スウェーデン出身のジャーナリストによる、男性中心の社会において軽視されてきた女性性に光を当てた書。家事や育児だけでなく、多様なトピックについて捧腹絶倒するエピソードが盛りだくさん。

・國分功一郎『目的への抵抗』新潮新書、二〇二三年〔解題〕本章では國分功一郎『暇と退屈の倫理学』（二〇二二年、初版は二〇一一年）を参照したが、初版から約一〇年後にコロナ禍を経て國分がおくる続編。本書における「浪費」と「消費」の区分は、ていねいな暮らしを読み解く上での重要な概念である。

責任編者解題

本書『働き方と暮らし方の哲学』は、日常の「生活」を哲学の現場として扱う四つの章から構成されている。

第1章の荒木論文では、「最も必要なものだけの国家」というリバタリアニズムのアイデアから出発しつつも、必要性を場当たり的に判断する「丼勘定」な未来という意外な可能性が肯定的に語られる。第2章の小西論文では、他者への依存を肯定するケア倫理の議論に依拠しつつ、その臨界点の緻密な考察を通じて、「ケアする人がケアされる社会」、すなわちケアを自己犠牲的な「愛の労働」としてがんばらなくても良い社会への希望が示される。第3章の谷川論文では、二一世紀のプラットフォーム経済のなかでの消費と労働の変化が手際よくまとめられ、未来への提言として、レーティングから降りることの可能性が示唆されている。第4章の福島論文では、「ていねいな暮らし」を、二一世紀の日本に特徴的なライフスタイルとして論じ、新自由主義的な競争社会の対案となる暮らし方の一つとして提示している。

では、各章について、もう少し細かく見ていこう。

第1章の**荒木論文「最も必要なものだけの人生——節約と独立の思想のゆくえ」**では、プラトンに由来する「最も必要なものだけの国家」から出発して、必要なものと奢侈を区別し、何が必要最小限であるかを決めることの困難を指摘する。この困難は最小国家に限らず、個人が暮らしていく上でも同じことだ。それは、人間の暮らしにおいて、たんなる生存としての生（もっとも必要なものだけの生）と規範（あるいは奢侈）としての善き生をきっぱりと分けることは可能か、との問いである。

次に、荒木論文では、二一世紀のベーシックインカム（ＢＩ）論争のなかにも、同じ問いが変奏されていることを見出す。ＢＩ否定論は、働くことなしに賃金をばらまくことに対して、「善き生の追究を断念した木偶坊を大量に生み出すこと」（本書：一一頁）になると批判する（たとえば、萱野稔人）。これは、生存としての生と善き生は切り離ないという立場と考えられる。そのため、ＢＩの実践では、生存としての生を、善き生として暗黙の裡に規範化してしまうのだ。

いっぽう、ＢＩ肯定論では、生存としての生を保障することは、善き生を人びとが自分のやり方で追究できるようにして、国家の善き生への介入を低下させるという見通しになる（たとえば、東浩紀）。そのとき、働くことは、賃労働から切り離されて自由になり、善き生の探究という実験に近づくだろう。さらに、こうしたＢＩ肯定論では多くの場合——デヴィッド・グレーバーや栗原康やブレイディみかこらのアナーキズム系の論者が最も典型的だが——、人間は「まっとうな仕事（賃労働）」以外に、すでにさまざまな仕事を社会活動や生活の一部として協働的に行っていると想定している。つまり、共生する社会を生きることは、つねにすでに事実として存在し、理想としての善き生ではなく、相互扶助の本能として生のなかにあらかじめ組み込まれているとするのだ。

荒木論文は、相互連帯としての生存という思想には、コミュニケーション労働（クリスチャン・マラッツィ）や「社会関係資本」（ロバート・パットナム）と共通点が多いことを指摘する。だが、そこには限界がある。社会的ネットワークは、二一世紀のプラットフォーム資本主義において、「いいね」の数に翻訳されて評価経済のなかに取り込まれてしまった（これは、谷川論文のテーマである）。

これらの議論を経て、次に取り上げられるのは、ＢＩとは正反対の方向性、すなわち国家や相互扶助に全面的には頼らない「ＦＩＲＥ（Financial Independence Retire Early）」（経済的自立と早期退職）という暮らし方である。それは、消費生活のコストをミニマルにして、資産運用を積極的に行い、自分の時間を賃金と交換することを極小化して、私的生活を重視する生き方だ。荒木論文に沿って生存の生と善き生の交錯をたどってきた私たちには、そうした生き方を規範的な善き生であると臆面もなく宣言するＦＩＲＥは、ある意味で清々しくみえる。

ただし、荒木論文の論の運びには危ういところも多い。その最大の点は、ジェンダーとケアの扱いである。そもそも、古代ギリシャ以来の「最も必要なものだけの国家」では、衣食住に関わる生産労働だけが想定され、ケアや再生産労働（小西論文のテーマ）は含まれない。また、合理的なミニマリズム生活のなかに、子育てや介護がどう位置づけられるのかは、ここでは十分に議論されているとはいえない。

だが、荒木論文が未来世界への希望を見出すのは、ＦＩＲＥそのものではないという捻りがある。むしろ、ＦＩＲＥを追究しない、がんばらない暮らし方が見通されている。ＦＩＲＥに、新自由主義と親和的なうさん臭さがあることはわかりきったことだからだ。ＦＩＲＥのように、ミニマル（最も必要なもの）を徹底的に追究するための、欲望やコストの緻密なコントロールは、人間の身体のテキトーさによって破綻し、「計算をやめるのではなく、計算が投げやりになる」（本書：三七頁）という状態に至る。そして、荒木論文は、そうして出現すると見越される、がんばらない「丼勘定」を、「そう悪いものではない」（本書：三八頁）と肯定的に評価するのである。

第2章の**小西論文『ケアする人の／へのケアの倫理――平等から共生へ』**は、フェミニスト倫理学者のエヴァ・フェダー・キテイの論を中心にケア倫理を紹介している。他の論文と比べると哲学的で学術的なスタイルなので、難解との印象を受ける読者もいるかもしれない。

だが、小西論文の通奏低音は、「それでも私はケア労働によって生活が圧迫されていると思わずにはいられないし、そんな私が受け取るべきケアはまったく足りていないとも感じている」（本書：四〇頁）という彼女自身の実感である。こんな私的なつぶやきを、多くの人びとに共有されている感覚として理論的に扱うのは難しい。だが、そうした本章のチャレンジこそが、「未来世界を哲学する」ことである。だから、本章を取りつきにくいと思った読者にとって、挑戦して読み通すだけの価値のある難解さだと思う（世間には、どうでもよいことを難しく論じた本がたくさんあるが、その類ではない）。

さて、小西論文の主題であるケア倫理が批判と乗り越えの対象としてきたのは、自立した個人の相互的な助け合いや平等を理想化し、その意味での公正を実現する手法について議論してきた従来の倫理学である。なぜなら、乳幼児や心身の衰弱した高齢者や障害者の場合、あるいは病気のときに、人間は、自力だけで生きていくことはできず、誰かに対して一方的にケアを依存する存在、つまり依存者となるからだ。

そのことが今まで無視されてきたのは、ケアを担う人びと（依存労働者）は、歴史的には圧倒的に女性で、しかも無払いや低賃金の労働者だったからだ。その点で、自立した個人とは、「依存者の問題を他者に押しつけたりすることのできる特権をもった人たちが作り上げた虚構」（本書：四五頁）なのである。いいかえれば、自立した個人から始まる倫理学は、既婚で裕福な健常者の中高年男性だけにしかあてはまらない。

そこで、キテイは、自立した個人ではなく、依存者や依存労働者を含めた平等という公正な社会を実現するための方策として、ケアを提供する依存労働者に対する社会的なケアや支援を充実させることを提案している。すなわち、「依存者に提供すべきケアを実現するために、その営みにおいてケアされるべき人として浮上することになる依存労働者の権利が守られる必要」（本書：五四頁）を満たすことの重要性である。

以上のようなケア倫理の射程を考えるため、小西論文では、障害児政策の研究者でシングルマザーでもあったトルーディ・シュトイアナーゲルが、自閉スペクトラム症だった息子スカイ（一八歳）からの暴力で死亡した痛ましい事件を取り上げている。その事実関係の詳細は、小西論文や小西の前著『歪な愛の論理』（筑摩書房、二〇二三年）に記されているので、ここでは繰り返さない。

こうしたケースに対して、多くの場合、「トルーディを過保護かつケアに失敗した母親と見なすまなざし」（本書：七〇頁）が向けられ、暴力を防ぐための社会的支援が提供されるべきだったとの反省が語られる。だが、こうしたまなざしや支援そのものが、異なる形の抑圧や暴力ではないのか、というのが本章の問いかけである。

社会は、専門知識で権威付けられた職員を派遣し、母親とスカイの間に有無を言わさず介入し、二人を分離して、スカイを施設に強制収容することを是としている。もしケア倫理が、そうした社会通念と同様に、トルーディとスカイの暮らし方を否定するならば、それは「人間関係の闇の側面を排除した道徳的理想」(本書:五八頁)でしかない。人間関係における暴力/自己犠牲とは、そうした消し去ることのできない「闇」の一つだろう。自己犠牲を伴うケアの過剰を、ケアの不足と同じケアの失敗ととらえるキテイ流のケア倫理では、こうした「闇」はケアならざるものとして不可視化されるしかない。

小西論文が提起する問いは、人びとの暮らしや生き方のなかで見え隠れする「闇」に向き合い、ときには生き延びるための「闇」に寄り添う勇気をもつ哲学の可能性を示している。

第3章の**谷川論文「プラットフォーム経済の生き方、読み方、抗し方——評価経済と集合的レーティングの問題をどう超えるか」**では、さまざまなアクターがウェブ上で出会う仮想空間としてのプラットフォームを基盤として成立する「プラットフォーム経済」での生き方と働き方の哲学が論じられている。そのなかでも、谷川論文が着目するのは「評価(レーティング)」が働き方に与える影響である。

実空間での実体経済のなかでは、生産者と消費者、労働者と消費者という区分は、暮らし方や働き方の基盤となっている。だが、仮想空間では、事態は異なる。プラットフォーム企業の観点からは、すべてのプラットフォーム参加者は平等なユーザーとなる。そこに存在するのは労働者ではなく、供給者というユーザーだ。プラットフォーム企業は、ネットワークのなかで需要者と供給者をつなげ、手数料を得る。

　プラットフォーム経済のもう一つの特徴は、「情報の質や内容よりも、情報に対する「注目」の配分や集中が重要な意味を持つようになった」（本書：九四頁）ことにある。つまり、情報への注目度合いが競われる経済（アテンションエコノミー）である。たとえば、ＳＮＳでは、フォロワー数、再生回数、いいね数などで、どれだけ注目を集めているかが数値化される。それは、どこかの誰かの付けたレーティングの平均が価値となる評価経済ともいいかえられる。こうした「プラットフォーム資本主義」（ニック・スルネック）では、労働者も消費者も、評価に応じて、ユーザーとしての振る舞い方がコントロールされる。

　そうした評価経済によるコントロールの象徴として、谷川論文は、ライドシェアアプリUberでの、ドライバーというユーザー／労働者の働き方を取り上げる。Uberは、自身の経済活動を、ドライバーと客をつなぐシェアリングエコノミーのアプリ提供と位置づけ、ドライバーを独立の事業主とみなしている。しかし、実際には、ドライバーは客を選ぶことはできず、運賃（と手数料）はUberによって決められ、ミスやルール違反には契約停止などのペナルティが課される。つまり、実態としては、乗車率やキャンセル率や客の評価によって待遇条件を変える「アルゴリズム上司」に使われている労働者のような存在なのである。だが、法的には、アプリのアカウント契約で雇用契約ではないので、労働者としての権利は認められない。それは、二〇世紀の労使関係とは異なるタイプの働き方に対するコントロールや支配といえるだろう。

谷川論文では、こうした評価経済によるコントロールに抵抗する方策を四つ示している。それらについては、本文を参照してもらいたい。

むしろ、未来世界の哲学として、私が興味を引かれるのは、「レビューやレーティングを介した「出会い」を超える方法」である。価値観が流動化した時代、特定の誰かの意見や評価だけを信頼し続けることにはリスクが伴う。その点で、集合的なレーティングは、「誰のものでもない評価であるがゆえに、特定の権威に依存するアンバランスを避けることができ、「これで大丈夫か」と疑う理由をひとまずは持たなくてよくなる」（本書：一三〇頁）点で安心な生き方を導いてくれるかもしれない。

そうした状況に対して、谷川論文は、集合的なレーティングを介しないで物事と「出会う」ことの価値を論じ、「探さずに待つ「怠惰」や「無為」が、不意打ちの出会いを準備してくれる」（本書：一三二頁）と述べる。そんな出会いがもたらす「体験の素朴さ」を、谷川論文ではポジティブに評価しているようにみえる。

だが、実際には、そうしたノイズ的な出会いとは、「不安や退屈などのネガティブな気分」（谷川『スマホ時代の哲学』ディスカバー・トゥエンティワン、二〇二二年）とも密接な関連がある（この点は、註でも示唆されている）。そのことを追補として、この解題では強調しておきたいと思う。出会いは、しばしば私たちを不安にさせる〈裂け目〉であって、ただ美しいだけではない。忘れ物は、実は捨て去りたかった不気味なものであるかもしれないのだ。

第4章の**福島論文「「ていねいな暮らし」という生き方——家事のままで家事を超える」**は、日本でのライフスタイルの一種である「ていねいな暮らし」を、二一世紀における新しい暮らし方や生き方の提案として捉え、その可能性を探った論考である。

福島論文によれば、「ていねいな暮らし」は、二〇世紀末以降に、ライフスタイル誌で提案されてきた暮らし方である。衣食住のなかでも、従来のファッション誌が重視した衣ではなく、食と住の消費のあり方を問い直したところが特徴である。たとえば、時間をかけて、農産物や発酵食品や伝統的な保存食品を手作りするようなライフスタイルである。

従来の社会学的な批評であれば、「ていねいな暮らし」は、過去を美化するノスタルジーであって、総力戦体制のもとでの国家による日常や生活の囲い込みを起源としている、と論じることもできるだろう。そうした議論の代表が、大塚英志の『「暮し」のファシズム』（筑摩選書、二〇二一年）である。大塚は、コロナ禍での「官製」自粛の押し付けに人びとが同調的に従ったことを、国家が内面まで支配する「暮し」のファシズムと表現し、贅沢を排して簡素に生活することの楽しさを説いた戦時下の「新生活体制」との連続性を指摘している。この観点からは、「ていねいな暮らし」もまた、国策としての「新しい生活」の変奏の一つだ。

この批判を意識しつつ、本章の内容を見ていこう。福島論文では、「ていねいな暮らし」の特徴として、「①エシカルではなくエステティック（倫理的ではなく美的）、②ポリティカルではなくアポリティカル（政治性からの距離）、③サブジェクトからプロジェクトへ（モノ化された自己啓発）の三点」（本書：一四一頁）を挙げている。

エシカルな観点の希薄さは、商品の生産流通過程での公正を重視するエシカル消費や（エシカル）ヴィーガン主義とは異なる「ていねいな暮らし」の特徴である。また、これらの特徴は、そのままアポリティカルにもつながる。個人の消費スタイルなので、反消費や生協運動やスローフード運動へと広がるわけではない。

私が思うに、この二点を見る限り、「ていねいな暮らし」には、たしかにファシズム文化に引き寄せられる危険性があるといえる。現代社会に対する政治的な関与を避け、美的判断に依存する態度は、「政治の美学化」（W・ベンヤミン）に行きつきかねない。

だが、「ていねいな暮らし」の可能性の中心は、福島論文でいう第三の特徴――モノを介したプロジェクトとしての家事（労働）の自己価値化――のなかにある。谷川論文でも指摘されるように、モノへの関わりや制作は、人びとを当事者とすることで、批評性をはぐくむ。それは、デジタル社会や評価経済から身を引き離させ、身体性を回復させるだろう。身体性の観点からみれば、家事が自分自身（と家族）をケアする労働であることは重大な意味をもつ。ていねいさは、無償労働に過ぎなかった「家事」に対する見方を変え、市場での交換価値ではなく、家事を行う者自身にとっての使用価値として再評価させる。それは、生き方を自己価値化することでもある。

さらにいえば、小西論文が示唆するように、他者をていねいにケアすること、それと同時にセルフケアにもていねいに気を配ることは、生き延びるための闘いともいえる。それは、従来のエシックスやポリティクスでは不可視化されていたが、エシカルでポリティカルな生の営みの一環に他ならない。

「個人的なことは政治的である」というフェミニズムの教えと「ていねいな暮らし」が出会うとき、どんな「未来世界の哲学」が現れるだろうか。

以上のとおり、各章によって少しずつ違いはあるものの、仕事（賃労働）での自己実現を否定した「がんばらない生き方」を肯定し、それを実現する方法を模索している点では共通している。それは、二一世紀の現代において、人びとが努力や自己啓発を社会から求められ続けている現状の反映である。

「未来世界を哲学する」本書が、その場にとどまるためには走り続けなければならない「不思議の国」の悪夢から目覚めるためのレッドピルになることを祈りたい。

引用・参照文献

第1章

・赤木智弘「「丸山眞男」をひっぱたきたい――31歳、フリーター。希望は、戦争。」『論座』1月号、二〇〇七年
・アタリ、ジャック『21世紀の歴史――未来の人類から見た世界』林昌宏訳、作品社、二〇〇八年
・アーレント、ハンナ『人間の条件』志水速雄訳、ちくま学芸文庫、一九九四年
・安藤美冬『冒険に出よう――未熟でも未完成でも〝今の自分〟で突き進む。』ディスカヴァー・トゥエンティワン、二〇一二年
・磯部涼、九龍ジョー『遊びつかれた朝に――10年代インディ・ミュージックをめぐる対話』Pヴァイン、二〇一四年
・稲葉陽二『ソーシャル・キャピタル入門――孤立から絆へ』中公新書、二〇一一年
・井上智洋『AI時代の新・ベーシックインカム論』光文社新書、二〇一八年
・岡田斗司夫『評価経済社会――ぼくらは世界の変わり目に立ち会っている』ダイヤモンド社、二〇一一年
・小沢修司『福祉社会と社会保障改革――ベーシック・インカム構想の新地平』高菅出版、二〇〇二年
・堅田香緒里「ベーシック・インカムとフェミニスト・シティズンシップ――脱商品化・脱家族化の観点から」『社会福祉学』二〇〇九年
・堅田香緒里ほか編著『ベーシックインカムとジェンダー――生きづらさからの解放に向けて』現代書館、二〇一一年
・萱野稔人「「承認格差」を生きる若者たち――なぜ年長世代と話がつうじないのか」『論座』7月号、二〇〇七年
・萱野稔人編『ベーシックインカムは究極の社会保障か――「競争」と「平等」のセーフティネット』堀之内出版、二〇一二年
・萱野稔人、堀江貴文「ベーシックインカムはゼロ成長社会の救世主か?」『kotoba』第2号、二〇一〇年
・カンパネッラ、トンマーゾ『太陽の都』近藤恒一訳、岩波文庫、一九九二年
・栗原康『学生に賃金を』新評論、二〇一五年

・栗原康『サボる哲学――労働の未来から逃散せよ』NHK出版新書、二〇二一年
・栗原康『はたらかないで、たらふく食べたい――「生の負債」からの解放宣言』増補版、ちくま文庫、二〇二一年
・グレーバー、デヴィッド「新しいアナーキストたち」栗原康、安藤丈将訳『現代思想』5月号、二〇〇四年
・グレーバー、デヴィッド『アナーキスト人類学のための断章』高祖岩三郎訳、以文社、二〇〇六年
・グレーバー、デヴィッド『ブルシット・ジョブ――クソどうでもいい仕事の理論』酒井隆史ほか訳、岩波書店、二〇二〇年
・ケインズ、ジョン・M「孫の世代の経済的可能性」『ケインズ説得論集』山岡洋一訳、日本経済新聞出版社、二〇一〇年
・小飼弾『働かざるもの、飢えるべからず。――ベーシック・インカムと社会相続で作り出す「痛くない社会」』サンガ、二〇〇九年
・近藤麻理恵『人生がときめく片づけの魔法』サンマーク出版、二〇一一年
・坂口恭平『ゼロから始める都市型狩猟採集生活』太田出版、二〇一〇年
・坂口恭平『独立国家のつくりかた』講談社現代新書、二〇一二年
・佐々木俊尚『仕事するのにオフィスはいらない――ノマドワーキングのすすめ』光文社新書、二〇〇九年
・シェン、クリスティー&リャン、ブライス『FIRE最強の早期リタイア術――最速でお金から自由になれる究極メソッド』岩本正明訳、ダイヤモンド社、二〇二〇年
・スコット、ジェームズ・C『実践　日々のアナキズム――世界に抗う土着の秩序の作り方』清水展ほか訳、岩波書店、二〇一七年
・砂川文次「99のブループリント」『文學界』3月号、二〇二一年
・ソルニット、レベッカ『定本　災害ユートピア――なぜそのとき特別な共同体が立ち上がるのか』高月園子訳、亜紀書房、二〇二〇年
・ソロー、ヘンリー・D『森の生活――ウォールデン』佐渡谷重信訳、講談社学術文庫、一九九一年
・立岩真也、齊藤拓『ベーシックインカム――分配する最小国家の可能性』青土社、二〇一〇年
・田中美知太郎「最も必要なものだけの国家」『田中美知太郎全集1』筑摩書房、一九六八年

・田中美知太郎「今日の政治的関心（二）」「マスク」『田中美知太郎全集10』筑摩書房、一九七〇年
・常見陽平『自由な働き方をつくる――「食えるノマド」の仕事術』日本実業出版社、二〇一三年
・ノージック、ロバート『アナーキー・国家・ユートピア――国家の正当性とその限界』嶋津格訳、木鐸社、一九九二年
・橋本努『消費ミニマリズムの倫理と脱資本主義の精神』筑摩書房、二〇二一年
・羽田圭介『滅私』新潮社、二〇二一年
・バタイユ、ジョルジュ『呪われた部分――全般経済学試論・蕩尽』酒井健訳、ちくま学芸文庫、二〇一八年
・フィスカー、ヤコブ・L『最速早期退職――経済的自立への哲学的実践的案内』（Fisker, Jacob Lund, *Early Retirement Extreme: A Philosophical and Practical Guide to Financial Independence*, CreateSpace Independent Publishing Platform, 2010）
・ブレイディみかこ『子どもたちの階級闘争――ブロークン・ブリテンの無料託児所から』みすず書房、二〇一七年
・ブレイディみかこ『他者の靴を履く――アナーキック・エンパシーのすすめ』文藝春秋、二〇二一年
・ブレイディみかこ&栗原康「コロナ禍と〝クソどうでもいい仕事〟について」『文學界』10月号、二〇二〇年
・ブルーダー、ジェシカ『ノマド――漂流する高齢労働者たち』鈴木素子訳、春秋社、二〇一八年
・ブレグマン、ルトガー『隷属なき道――AIとの競争に勝つベーシックインカムと一日三時間労働』野中香方子訳、文藝春秋、二〇一七年
・ベネター、デイヴィッド『生まれてこないほうが良かった――存在してしまうことの害悪』小島和男&田村宜義訳、すずさわ書店、二〇一七年
・ホッファー、エリック『エリック・ホッファー自伝――構想された真実』中本義彦訳、作品社、二〇〇二年
・牧野智和『日常に侵入する自己啓発――生き方・手帳術・片づけ』勁草書房、二〇一五年
・マラッツィ、クリスティアン『現代経済の大転換――コミュニケーションが仕事になるとき』多賀健太郎訳、青土社、二〇〇九年
・ミニマリストしぶ『手放す練習――ムダに消耗しない取捨選択』KADOKAWA、二〇二二年
・モア、トマス『ユートピア』改版、澤田昭夫訳、中公文庫、一九九三年

・矢部史郎「学生に賃金を」『現代思想』4月号、二〇〇三年
・やましたひでこ『新・片づけ術　断捨離――「片付け」で、人生が変わる。』マガジンハウス、二〇〇九年
・山森亮『ベーシック・インカム入門――無条件給付の基本所得を考える』光文社新書、二〇〇九年
・ラファルグ、ポール『怠ける権利』田淵晉也訳、平凡社ライブラリー、二〇〇八年
・ロビン、ヴィッキー&ドミンゲス、ジョー『お金か人生か――給料がなくても豊かになれる9ステップ』岩本正明訳、ダイヤモンド社、二〇二一年

第2章

・キテイ、エヴァ・フェダー『愛の労働あるいは依存とケアの正義論』新装版、岡野八代・牟田和恵監訳、白澤社、二〇二三年（Kittay, Eva Feder, *Love's Labor: Essays on Women, Equality, and Dependency*, Routledge, 1999）
・キテイ、エヴァ・フェダー「ケアの倫理から、グローバルな正義へ――二〇一〇年一一月来日講演録」岡野八代、牟田和恵訳『ケアの倫理からはじめる正義論――支えあう平等』白澤社、二〇一一a年
・キテイ、エヴァ・フェダー（聞き手・訳＝牟田和恵、岡野八代）「〈インタビュー〉社会的プロジェクトとしてのケアの倫理」『ケアの倫理からはじめる正義論――支えあう平等』白澤社、二〇一一b年
・岡野八代「ケア、平等、そして正義をめぐって――哲学的伝統に対するキテイの挑戦」エヴァ・フェダー・キテイ著／岡野八代、牟田和恵編著訳『ケアの倫理からはじめる正義論――支えあう平等』白澤社、二〇一一年
・大熊一夫『精神病院を捨てたイタリア捨てない日本』岩波書店、二〇〇九年
・ギリガン、キャロル『もうひとつの声で――心理学の理論とケアの倫理』川本隆史・山辺恵理子・米典子訳、風行社、二〇二二年（Gilligan, Carol, *In a Different Voice: Psychological Theory and Women's Development*, Harvard University Press, 1982）
・後藤基行『日本の精神科入院の歴史構造――社会防衛・治療・社会福祉』東京大学出版会、二〇一九年
・小西真理子「ケアの倫理に内在する自立主義――相互依存・依存・共依存の検討を通じて」『倫理学年報』六五巻、二〇一六年
・小西真理子『共依存の倫理――必要とされることを渇望する人びと』晃洋書房、二〇一七年
・小西真理子「「ケアする責任」と「ケアしない責任」――現代家族の「依存」に着目して」『現象学年報』三五巻、二

〇一九年
・小西真理子「攻撃性をともなう依存者へのケア——自閉症児の母親トルーディ事例の検討」『立命館文學』六六五巻、二〇二〇年
・小西真理子『歪な愛の倫理——〈第三者〉は暴力関係にどう応じるべきか』筑摩書房、二〇二三年
・Allen, Holly, "Bad Mothers and Monstrous Sons: Autistic Adults, Lifelong Dependency, and Sensationalized Narratives of Care," *Journal of Medical Humanities*, vol. 38（1）, 2017
・Bauer, Ann, "The Monster inside My Son," *Salon*, March 26, 2009.（https://www.salon.com/2009/03/26/bauer_autism/：二〇二四年五月二日取得）
・CBS News, "Autistic Teen Accused of Killing Mom," *CBS News*, February 14, 2009.（https://www.cbsnews.com/news/autistic-teen-accused-of-killing-mom/：二〇二四年五月三日取得）
・Connors, Joanna, "Kent State Professor Trudy Steuenagel's Fierce Protection of Her Autistic Son, Sky Walker, Costs Her Life: Sheltering Sky," *The Plain Dealer*, December 6, 2009.（https://www.cleveland.com/metro/2009/12/kent_state_professor_trudy_ste.html：二〇二四年三月一九日取得）
・Cooper, Davina, "'Well, You Go There to Get Off': Visiting Feminist Care Ethics through a Women's Bathhouse," *Feminist Theory*, 8（3）, 2007
・Simplican, Stacy Clifford, "Care, Disability, and Violence: Theorizing Complex Dependency in Eva Kittay and Judith Butler," *Hypatia*, vol. 30（1）, 2015
・Kittay, Eva Feder, "A Feminist Public Ethics of Care Meets the New Communitarian Family Policy," *Ethics*, vol. 111（3）, 2001
・Kittay, Eva Feder, "A Feminist Care Ethics, Dependency and Disability," *APA Newsletter on Feminism and Philosophy*, vol. 6（2）, 2007
・Kittay, Eva Feder, "The Ethics of Philosophizing: Ideal Theory and the Exclusion of People with Severe Cognitive Disabilities," Tessman, Lisa（ed.）, *Feminist Ethics and Social and Political Philosophy: Theorizing the Non-ideal*, Springer, 2009

・Kittay, Eva Feder, "Care and Disability for Submission for the Handbook," (A Paper for the Event: Intersections: Feminist Care Ethics & Disability Studies), 2018a
・Kittay, Eva Feder, "Eva Kittay Respondents: Martin Leckey & Mariko Konishi, followed by Q & A," (The Event: Intersections: Feminist Care Ethics & Disability Studies), 2018b, (https://soundcloud.com/philosophiesofdifference?fbclid=IwAR1yKtoWNinbTBiP1RSxOIl2CbYHUwupFzu2Gj_-9W6rneyWLchxtkshSc：二〇一九年九月三〇日取得)
・Kittay, Eva Feder, *Learning from My Daughter: The Value and Care of Disabled Minds*, Oxford University Press, 2019
・Steuernagel, Trudy, "Increases in Identified Cases of Autism Spectrum Disorders," *Journal of Disability Policy Studies*, vol. 16 (3), 2005
・Whitney, Shiloh, "Dependency Relation: Corporeal Vulnerability and Norm of Personhood in Hobbes and Kittay," *Hypatia*, 26 (3), 2011

第3章

・東浩紀『動物化するポストモダン――オタクから見た日本社会』講談社現代新書、二〇〇一年
・東浩紀『郵便的不安たちβ』河出文庫、二〇一一年
・東浩紀『一般意志2.0――ルソー、フロイト、グーグル』講談社文庫、二〇一五年
・東浩紀『訂正可能性の哲学』ゲンロン、二〇二三年
・内田樹、岡田斗司夫 FREEex『評価と贈与の経済学』徳間文庫カレッジ、二〇一五年
・宇野常寛『砂漠と異人たち』朝日新聞出版、二〇二二年
・宇野常寛『ひとりあそびの教科書』河出書房新社、二〇二三年
・梅崎春生『怠惰の美徳』中公文庫、二〇一八年
・エリオット、アンソニー＆アーリ、ジョン『モバイル・ライブズ――「移動」が社会を変える』遠藤英樹監訳、ミネルヴァ書房、二〇一六年（Anthony Elliott & John Urry, *Mobile Lives*, Routledge, 2010）
・岡田斗司夫『ぼくたちの洗脳社会』朝日文庫、一九九八年
・岡田斗司夫『評価経済社会――ぼくらは世界の変わり目に立ち会っている』ダイヤモンド社、二〇一一年
・岡田斗司夫 FREEex『オタクの息子に悩んでます――朝日新聞「悩みのるつぼ」より』幻冬舎新書、二〇一二年

・岡田斗司夫 FREEex『超情報化社会におけるサバイバル術――「いいひと」戦略』電子版、株式会社ロケット、二〇一四年
・岡田斗司夫 FREEex『岡田斗司夫ゼミのサイコパス人生相談』インプレス、二〇二三年
・尾原和啓『アルゴリズム フェアネス――もっと自由に生きるために、ぼくたちが知るべきこと』KADOKAWA、二〇二〇年
・尾原和啓『プロセスエコノミー――あなたの物語が価値になる』幻冬舎、二〇二一年
・ズボフ、ショシャナ『監視資本主義――人類の未来を賭けた闘い』野中香方子訳、東洋経済新報社、二〇二一年（Shoshana Zuboff, *The Age of Surveillance Capitalism: The Fight for a Human Future at the New Frontier of Power*, Public Affairs, 2019）
・セイラー、リチャード&サンスティーン、キャス『NUDGE 実践 行動経済学――ノーベル経済学賞を受賞した賢い選択をうながす「しかけ」』完全版、遠藤真美訳、日経BP、二〇二二年（Richard H. Thaler & Cass R. Sunstein, *Nudge*, the final edition, Yale University Press, 2021）
・谷川嘉浩『人生のレールを外れる衝動のみつけかた』ちくまプリマー新書、二〇二四年
・谷川嘉浩『スマホ時代の哲学――失われた孤独をめぐる冒険』ディスカヴァー・トゥエンティワン、二〇二二年
・谷川嘉浩、朱喜哲、杉谷和哉『ネガティヴ・ケイパビリティで生きる――答えを急がず立ち止まる力』さくら舎、二〇二三年
・ダベンポート、トーマス・H&ベック、ジョン・C『アテンション！――経営とビジネスのあたらしい視点』高梨智弘、岡田依里訳、シュプリンガー・フェアラーク東京、二〇〇五年（Thomas H. Davenport & John C. Beck, *The Attention Economy: Understanding the New Currency of Business*, Harvard Business School Press, 2001）
・チェン、ドミニク『電脳のレリギオ――ビッグデータ社会で心をつくる』NTT出版、二〇一五年
・デヴォン・プライス『「怠惰」なんて存在しない――終わりなき生産性競争から抜け出すための幸福論』佐々木寛子訳、ディスカヴァー・トゥエンティワン、二〇二四年（Devon Price, *Laziness Does Not Exist*, Atria Books, 2021）
・勅使河原真衣『働くということ――「能力主義」を超えて』集英社新書、二〇二四年
・ドゥルーズ、ジル『記号と事件――1972-1990年の対話』宮林寛訳、河出文庫、二〇〇七年（Gilles

Deleuze, Gilles, *Pourparlers: 1972–1990*, Minuit, 2003）
・中山淳雄『推しエコノミー――「仮想一等地」が変えるエンタメの未来』日経ＢＰ、二〇二一年
・那須耕介、橋本努編著『ナッジ⁉――自由でおせっかいなリバタリアン・パターナリズム』勁草書房、二〇二〇年
・ニーチェ、フリードリヒ『ツァラトゥストラはこう言った』森一郎訳、講談社学術文庫、二〇二三年
・ばるぼら、さやわか『僕たちのインターネット史』亜紀書房、二〇一七年
・パー、ベン『アテンション――「注目」で人を動かす７つの新戦略』依田卓巳、依田光江、茂木靖枝訳、飛鳥新社、二〇一六年（Ben Parr, *Captivology: The Science of Capturing People's Attention*, Harper One, 2015）
・藤谷千明『藤谷千明 推し問答！ あなたにとって「推し活」ってなんですか？』東京ニュース通信社、二〇二四年
・ベン＝シャハー、オムリ＆シュナイダー、カール・Ｅ『その規約、読みますか？――義務的情報開示の失敗』松尾加代、小湊真衣、荒川歩訳、勁草書房、二〇二二年（Omri Ben-Shahar & Carl E. Schneider, *More Than You Wanted to Know: The Failure of Mandated Disclosure*, Princeton University Press, 2014）
・丸山俊一、ＮＨＫ「欲望の時代の哲学」制作班『マルクス・ガブリエル 欲望の時代を哲学するⅡ――自由と闘争のパラドックスを越えて』ＮＨＫ出版、二〇二〇年
・三木清『人生論ノート 他二篇』角川ソフィア文庫、二〇一七年
・三宅香帆『なぜ働いていると本が読めなくなるのか』集英社新書、二〇二四年
・水嶋一憲、ケイン樹里安、妹尾麻美、山本泰三編著『プラットフォーム資本主義を解読する――スマートフォンからみえてくる現代社会』ナカニシヤ出版、二〇二三年
・矢野和男『データの見えざる手――ウエアラブルセンサが明かす人間・組織・社会の法則』草思社文庫、二〇一八年
・山形浩生、岡田斗司夫 FREEex『「お金」って、何だろう？――僕らはいつまで「円」を使い続けるのか？』光文社新書、二〇一四年
・山本圭『嫉妬論――民主主義に渦巻く情念を解剖する』光文社新書、二〇二四年
・ローゼンブラット、アレックス『Uberland ウーバーランド――アルゴリズムはいかに働き方を変えているか』飯嶋貴子訳、青土社、二〇一九年（Alex Rosenblat, *Uberland: How Algorithms Are Rewriting the Rules of Work*, University of California Press, 2018）

・Arendt, Hannah, *Responsibility and Judgement*, Schocken Books, 2003（アレント、ハンナ『責任と判断』中山元訳、ちくま学芸文庫、二〇一六年）
・Gertz, Nolen, *Nihilism and Technology*, 2nd edition, Rowman & Littlefield Publishers, 2024（ガーツ、ノーレン『ニヒリズムとテクノロジー』南沢篤花訳、翔泳社、二〇二一年）
・Fisher, Mark, *Capitalist Realism: Is There No Alternative?*, Zero Books, 2009（フィッシャー、マーク『資本主義リアリズム』セバスチャン・ブロイ、河南瑠莉訳、堀之内出版、二〇一八年）
・Hochschild, Arlie Russell, *The Managed Heart: Commercialization of Human Feeling*, University of California Press, 1983（ホックシールド、アーリー・ラッセル『管理される心――感情が商品になるとき』石川准、室伏亜希訳、世界思想社、二〇〇〇年）
・Malesic, Jonathan, *The End of Burnout: Why Work Drains Us and How to Build Better Lives*, University of California Press, 2022（マレシック、ジョナサン『なぜ私たちは燃え尽きてしまうのか』吉嶺英美訳、青土社、二〇二三年）
・Odell, Jenny, *How to Do Nothing: Resisting the Attention Economy*, Melville House, 2020（オデル、ジェニー『何もしない』竹内要江訳、ハヤカワ文庫ＮＦ、二〇二三年）
・Riesman, David, *The Lonely Crowd: A Study of the Changing American Character*, Abridged and Revised edition, Yale University Press, 2020（リースマン、デイヴィッド『孤独な群衆』上・下（新装版）、加藤秀俊訳、みすず書房、二〇一三年）
・Sandel, Michael J., *The Tyranny of Merit: What's Become of the Common Good?*, Farrar Straus & Giroux, 2020（サンデル、マイケル『実力も運のうち――能力主義は正義か？』鬼澤忍訳、ハヤカワ文庫、二〇二三年）
・Srnicek, Nick, *Platform Capitalism*, Polity, 2016（スルネック、ニック『プラットフォーム資本主義』大橋完太郎、居村匠訳、人文書院、二〇二二年）
・Turkle, Sherry, *Alone Together: Why We Expect More from Technology and Less from Each Other*, 3rd edition, Basic Books, 2017（タークル、シェリー『つながっているのに孤独――人生を豊かにするはずのインターネットの正体』渡会圭子訳、ダイヤモンド社、二〇一八年）

第4章

・阿古真理『家事は大変って気づきましたか？』亜紀書房、二〇二二年
・阿部純「暮らし系雑誌における2003年――「暮らし」を語るための3基軸」『福山大学人間文化学部紀要』18巻、一八-三八頁、二〇一八年
・阿部純「「暮らし」語りの変容――『暮しの手帖』をはじめとするライフスタイル雑誌の比較分析――」『広島経済大学研究論集』第44巻、第3号、二〇二二年
・有元葉子『生活すること、生きること』大和書房、二〇二三年
・一田憲子『丁寧に暮らしている暇はないけれど。』SBクリエイティブ、二〇一八年
・井出幸亮「「ライフスタイル」がブームである」三谷龍二＋新潮社編『「生活工芸」の時代』六〇-七一頁、新潮社、二〇一四年
・ウェン、ウー『本当に大事なことはほんの少し』大和書房、二〇二一年
・宇野常寛『遅いインターネット』幻冬舎、二〇二〇年
・円満字二郎『政治家はなぜ「粛々」を好むのか――漢字の擬態語あれこれ』新潮社、二〇一一年
・大塚英志『「暮し」のファシズム――戦争は「新しい生活様式」の顔をしてやってきた』筑摩選書、二〇二一年
・尾原和啓『プロセスエコノミー』幻冬舎、二〇二一年
・苅谷剛彦『階層化日本と教育危機――不平等再生産から意欲格差社会へ』有信堂高文社、二〇〇一年
・木村宗慎「「生活工芸」にかぎらず、このごろの作家さんは」三谷龍二＋新潮社編『「生活工芸」の時代』一一四-一一九頁、新潮社、二〇一四年
・キラス＝マルサル、カトリーン『これまでの経済で無視されてきた数々のアイデアの話――イノベーションとジェンダー』山本真麻訳、河出書房新社、二〇二三年（Kielos-Marçal, Katrine, *Mother of Invention How Good Ideas Get Ignored in an Economy Built for Men*, Harry N. Abrams, 2021）
・鞍田崇「「生活工芸の時代」という言葉は」三谷龍二＋新潮社編『「生活工芸」の時代』一四九-一五九頁、新潮社、二〇一四年
・暮沢剛巳『拡張するキュレーション――価値を生み出す技術』集英社新書、二〇二一年

・國分功一郎『暇と退屈の倫理学』新潮文庫、二〇二二年
・國分功一郎『目的への抵抗』新潮新書、二〇二三年
・近藤麻理恵『人生がときめく片づけの魔法』サンマーク出版、二〇一〇年
・酒井順子『オリーブの罠』講談社現代新書、二〇一四年
・坂口恭平『cook』晶文社、二〇一八年
・佐々木俊尚『キュレーションの時代――「つながり」の情報革命が始まる』ちくま新書、二〇一一年
・鈴木康治「普通を究めるくらし――無印良品が提示する現代の「用の美」」二〇五-二二九頁、橋本努編著『ロスト欲望社会――消費社会の倫理と文化はどこへ向かうのか』勁草書房、二〇二一年
・高橋みどり『おいしい時間』アノニマ・スタジオ、二〇一九年
・竹内洋『日本のメリトクラシー――構造と心性』増補版、東京大学出版会、一九九五年
・近本聡子「日本の食マネジメントは倫理的消費に向かうか?――生協をフィールドとした調査研究をベースに」八九-一〇〇頁『現代思想』2月号、二〇二二年
・橋本努『消費ミニマリズムの倫理と脱資本主義の精神』筑摩書房、二〇二一年
・橋本努編著『ロスト欲望社会――消費社会の倫理と文化はどこへ向かうのか』勁草書房、二〇二一年
・長谷川あかり『クタクタな心と体をおいしく満たすいたわりごはん』KADOKAWA、二〇二二年
・畑山要介『倫理的市場の経済社会学――自生的秩序とフェアトレード』学文社、二〇一六年
・速水健朗・おぐらりゅうじ『新・ニッポン分断時代』本の雑誌社、二〇一七年
・ハン、ビョンチョル『疲労社会』横山陸訳、花伝社、二〇二一年（Han, Byung-Chul, *Müdigkeitsgesellschaft*, Matthes & Seitz, 2016）
・ハン、ビョンチョル『情報支配社会』守博紀訳、花伝社、二〇二二年（Han, Byung-Chul, *Infokratie: Digitalisierung und die Krise der Demokratie*, Matthes & Seitz Berlin, 2021）
・ビショップ、クレア『人工地獄――現代アートと観客の政治学』大森俊克訳、フィルムアート社、二〇一六年（Claire Bishop, *Artificial Hells: Participatory Art and the Politics of Spectatorships*, Verso, 2012）
・ヒース、ジョセフ&ポター、アンドルー『反逆の神話――カウンターカルチャーはいかにして消費文化になったか』

栗原百代訳、ＮＴＴ出版、二〇一四年（Heath, Joseph & Potter, Andrew, *The Rebel Sell: Why the Culture Can't Be Jammed*, Capstone, 2004）
・ヒース、ジョセフ&ポター、アンドルー『反逆の神話――「反体制」は金になる〕』新版、栗原百代訳、ハヤカワ文庫、二〇二一年（Joseph Heath & Andrew Potter, *The Rebel Sell: Why the Culture Can't Be Jammed*, Capstone, 2004）
・広瀬一郎「私の仮説ですが、近代日本の工芸は」三谷龍二＋新潮社編『「生活工芸」の時代』七四-八〇頁、新潮社、二〇一四年
・ブルックス、デイビッド『アメリカ新上流階級ボボス――ニューリッチたちの優雅な生き方』セビル楓訳、光文社、二〇〇二年（Brooks, David, *Bobos in Paradise: The New Upper Class and How They Got There*, Simon & Schuster, 2000.）
・ブルデュー、ピエール『ディスタンクシオン』Ⅰ・Ⅱ、石井洋二郎訳、藤原書店、一九九〇年（Bourdieu, Pierre, *La Distinction: critique sociale du jugement*, Édition de Minuit, 1979）
・フーコー、ミシェルほか『自己のテクノロジー』田村俶、雲和子訳、岩波書店、一九九九年（Martin et al. ed. , *Technologies of the Self: A Seminar with Michel Foucault*, University of Massachusetts Press, 1989）
・星野概念、山口佑加『自分のために料理を作る――自炊からはじまる「ケア」の話』晶文社、二〇二三年
・牧野智和『日常に侵入する自己啓発――生き方・手帳術・片づけ』勁草書房、二〇一五年
・松浦弥太郎『今日もていねいに。』ＰＨＰ文庫、二〇一二年
・松浦弥太郎『くらしのきほん　１００の実践』マガジンハウス、二〇一九年
・松岡亮二『教育格差――階層・地域・学歴』ちくま新書、二〇一九年
・松下東子、林裕之、日戸浩之『日本の消費者は何を考えているのか？』東洋経済新報社、二〇一九年
・間々田孝夫、藤田真之、水原俊博・寺島拓幸『新・消費社会論』有斐閣、二〇二一年
・三浦展『シンプル族の反乱』ＫＫベストセラーズ、二〇〇九年
・三浦展『毎日同じ服を着るのがおしゃれな時代』光文社新書、二〇一六年
・三浦展『永続孤独社会』朝日新書、二〇二二年
・三浦哲哉『自炊者になるための26週』朝日出版社、二〇二三年
・見田宗介『現代社会はどこに向かうか――高原の見晴らしを切り開くこと』岩波新書、二〇一八年

・三谷龍二＋新潮社編『「生活工芸」の時代』新潮社、二〇一四年
・山口佑加『ちょっとのコツでけっこう幸せになる自炊生活』エクスナレッジ、二〇二〇年
・やましたひでこ『新・片づけ術　断捨離』マガジンハウス、二〇〇九年
・吉本由美『暮しを楽しむ雑貨ブック』じゃこめてい出版、一九八三年
・米澤泉『「くらし」の時代――ファッションからライフスタイルへ』勁草書房、二〇一八年
・米澤泉『おしゃれ嫌い――私たちがユニクロを選ぶ本当の理由』幻冬舎新書、二〇一九年
・ローホー、ドミニック『シンプルに生きる――変哲のないものに喜びをみつけ、味わう』原秋子訳、幻冬舎、二〇一〇年（Dominique Loreau, *L'art de la simplicitè*, Rovert Laffont, 2005）
・渡辺有子『すっきり、ていねいに暮らすこと』ＰＨＰ研究所、二〇一四年

全国出版協会出版科学研究所『出版指標年報』（二〇二二年版）、二〇二二年
出版年鑑編集部『出版年鑑〈２０１８〉』出版ニュース社、二〇一八年
映画パンフレット『PERFECT DAYS』MASTER MIND Ltd. 二〇二三年

雑誌
『ＮＨＫテキスト　趣味どきっ！　人と暮らしと、台所～夏』ＮＨＫ出版、二〇二一年八-九月
『ＮＨＫテキスト　趣味どきっ！　人と暮らしと、台所』ＮＨＫ出版、二〇二〇年八-九月
『ミニマリストの愛用品　保存版』宝島社、二〇二一年

URL
https://www.irep.co.jp/knowledge/blog/detail/id=45531/
https://corporate.kakaku.com/wordpress/wp-content/uploads/2014/10/20141015.pdf
https://seikatsuclub.coop/about/history.html
https://www.jil.go.jp/kokunai/statistics/timeseries/html/g0212.html

Goodman, Michael K. & Jaworska, Sylvia "Mapping Digital Foodscapes: Digital Food Influencers and the Grammars of Good Food," *Geoforum*, vol. 117, 2020.

●責任編者・執筆者紹介●

※［ ］内は執筆担当部分

【責任編者】

美馬達哉（みま・たつや） 立命館大学大学院先端総合学術研究科教授。京都大学大学院医学研究科博士課程修了。博士（医学）。京都大学大学院医学研究科附属脳機能総合研究センター准教授などを経て現職。研究テーマは臨床脳生理学、医療社会学、医療人類学、生命倫理、現代思想。著作に『〈病〉のスペクタクル―生権力の政治学』『感染症社会―アフターコロナの生政治』（ともに人文書院）、『リスク化される身体―現代医学と統治のテクノロジー』『臨床と生政治―〈医〉の社会学』（青土社）など［責任編者解題］

【執筆者】

荒木優太（あらき・ゆうた） 在野研究者。明治大学大学院文学研究科日本文学専攻博士前期課程修了。研究テーマは、有島武郎の文学と思想。著書に『有島武郎―地人論の最果てへ』（岩波新書）、『サークル有害論―なぜ小集団は毒されるのか』（集英社新書）など［第１章］

小西真理子（こにし・まりこ） 大阪大学大学院人文学研究科准教授。立命館大学大学院先端総合学術研究科一貫制博士課程修了。博士（学術）。研究テーマは、倫理学、臨床哲学。著作に『共依存の倫理―必要とされることを渇望する人びと』（晃洋書房）、『歪な愛の倫理―〈第三者〉は暴力関係にどう応じるべきか』（筑摩選書）など［第２章］

谷川嘉浩（たにがわ・よしひろ） 京都市立芸術大学美術学部講師。京都大学大学院人間・環境学研究科博士後期課程修了。博士（人間・環境学）。研究テーマは、プラグマティズム、ロマン主義、自然主義。著書に、『信仰と想像力の哲学』（勁草書房）、『鶴見俊輔の言葉と倫理』（人文書院）、『スマホ時代の哲学』（ディスカヴァー・トゥエンティワン）、『ネガティヴ・ケイパビリティで生きる』（共著、さくら舎）など［第３章］

福島智子（ふくしま・ともこ） 松本大学大学院健康科学研究科教授。京都大学大学院人間・環境学研究科博士課程修了。博士（人間・環境学）。研究テーマは、医療社会学、生命倫理学、医療人類学。著作に『先端医療の社会学』（共著、世界思想社）、『新版 現代医療の社会学』（共著、世界思想社）など［第４章］

索　　引

《未来世界を哲学する・第2巻》
働き方と暮らし方の哲学

令和6年10月30日　発　行

責任編者　美　馬　達　哉

発行者　池　田　和　博

発行所　丸善出版株式会社
〒101-0051 東京都千代田区神田神保町二丁目17番
編集：電話(03)3512-3264／FAX(03)3512-3272
営業：電話(03)3512-3256／FAX(03)3512-3270
https://www.maruzen-publishing.co.jp

組版印刷・製本／藤原印刷株式会社

ISBN 978-4-621-30985-8 C 1310　Printed in Japan

《未来世界を哲学する・全12巻》刊行にあたって

日本を含めて二一世紀の人類社会は、前世紀から引き続くグローバル化や、地球温暖化、デジタル化、人口高齢化などによって、経済・共同・公共・文化のあらゆる領域で大きく変容し、従来の思考の枠組みでは対応できないような課題群に直面しています。

いま、哲学・思想に関わる人文学・社会科学系の研究者に求められているのは、理系・技術系の分野と融合しながら、三〇年後、五〇年後の未来を見据えつつ、そうした課題群に対して大局的かつ根本的に挑戦し、人類社会の進むべき方向を指し示すことではないでしょうか。

本シリーズは、次世代を担う若手・中堅の研究者を積極的に起用し、たんなる理論の紹介ではなく、時代の要請に応える生きた思想を尖った形で提示してもらうことで、高校生から大学生や一般の人々にとって、それらが未来世界を考え生きるためのヒントになってくれることを目指しています。

丸善出版では二〇〇二年から数年かけて「現代社会の倫理を考える」全17巻を刊行しました。本シリーズはその後継になりますが、前記の目標を達成するために、課題群に対応した全巻の構成、各章の設定、執筆者の選定、原稿の査読に関して編集委員会が一貫した責任をもつとともに、各巻を少数精鋭の四人で執筆し、それに論点を整理した解題を付けるという点に、前シリーズとも類書とも異なる特徴があります。

〔編集委員会〕森下直貴（委員長）、美馬達哉、神島裕子、水野友晴、長田 怜